대한민국 소멸보고서

대한민국 소멸보고서

폭발하는 서울, 소멸하는 지방

김기홍 지음

Pegasus
페가수스

프롤로그

왜 이 책을 쓰는가?

국가균형발전

지방소멸

수도권과 지방의 격차

벚꽃 피는 순서로 망해가는 지방 대학

솔직히 식상한 단어들이다. 긴장감도 없고, 피부에 와 닿지도 않는다. 국가균형발전? 국가균형발전이 왜 필요한가? 한 국가가 전체적으로 발전하고 잘 살면 그만이지, 왜 균형적으로 발전해야 하는가? 균형발전이 필요하다 해도 그 정책이 나에게 피해를 주는 것이라면, 아니 나에게 아무런 도움을 주는 것이 아니라면 왜 그런 정책을 지지해야 하는가?

지방소멸과 수도권과 지방의 격차? 아니 모든 사람의 얼굴이 다른 것처럼 사람들이 사는 지역마다 격차가 있는 것은 당연하지 않은가? 지방에 살기 싫으면 수도권으로 이사 가면 되고, 그 반대도 마찬가지 아닌가?

벚꽃 피는 순서로 망해가는 지방 대학? 먹고 살기도 바쁜데, 왜 지방 대학 문제까지 관심을 가져야 하나? 성적이 좋으면 인서울 대학에 가면 되고, 그렇지 않으면 지방 대학에 가면 되는 것이지, 왜 '망해가는'이라는 이상한 말을 사용하면서 사람의 감성을 자극하는가?

대한민국의 발전을 위해 왜 수도권과 비수도권의 격차가 해소되어야 하는지, 인구문제 해결을 위해 왜 지방의 활성화가 필요한지 논리적으로 설명을 하자면, 이런 책 한두 권으로도 충분하지 않다. 하지만 그렇게 하지는 않으려 한다. 논리적으로 설득된다고 해서 심정적으로 동조하는 것은 아니기 때문이다. 그래서 단 하나의 사례만으로 논리적인 설명을 대신하려 한다.

다들 아는 바와 같이 한국은 지금 인구 붕괴 위기에 직면해 있다. 1981년, 대한민국 출생아 수는 86만7천 명이었다. 2021년에는 26만6백 명을 기록했다. 2022년 대한민국의 출생률은 0.78을 기록했다. 세계 최저 수준이다. 이런 추세라면 2025년에는 출생아 수 20만 명의 벽이 깨질 수 있다. 이게 얼마나 심각한 문제인지는 누구나 짐작할 수 있다.

이런 질문도 나올 수 있다. "인구가 줄어드는 것이 왜 문제인가?" 그렇지 않아도 좁은 땅에 인구가 줄어들면 오히려 쾌적하게 살 수 있지 않냐는 것이다. 정말 그렇게 생각하는가?

하나만 더 말하자. 대한민국에 사는 사람들은 2019년을 반드시 기억해야 한다. 전 국토의 11.8%에 불과한 서울, 인천, 경기 등 수도권의 인구(2,596만 명)가 비수도권 인구(2,582만 명)를 추월했기 때문이다. 대한민국의 인구가 추세적으로 자꾸 줄어들더라도, 수도권 인구는 계속해서 늘고 비수도권 인구만 계속해서 줄어든다. 출생률을 늘리는 것은 쉽지 않지만, 기적적으로 출생률이 증가세로 돌아선다 해도, 대한민국 사람들이 꾸역꾸역 수도권으로 모여드는 상황은 변하지 않는다. 지난 50년의 대한민국 발전사가 이를 보여준다.

20~30년 뒤, 가령 대한민국의 인구가 4천만 명 수준으로 줄어

드는데 수도권의 인구만 3천만 명으로 늘어난다면, 정말 쾌적하게 살 수 있을까? 팽팽해진 풍선처럼 마침내 뻥 하고 터지지 않을까? 교통, 생활 인프라, 공기, 전력, 주택 수…. 이 모든 것을 현재의 대한민국이 감당할 수 있을까? 겨우 감당할 수 있다 하더라도, 그런 추세와 반비례해서 우리 부모님들이 살아왔던 비수도권의 지방은 텅텅 비어간다.

무슨 말일까? 미안하다. 대한민국은 망하는 길로 접어들고 있다. 정말 그 망하는 조짐이 보여야 정신을 차릴까?

왜 '내'가 쓰려고 하는가?

"김 교수, 많이 변했네요. 지방은 스스로 발전해야지, 그 주제를 왜 서울에 와서 말합니까?"

서울과 미국에서 공부를 마친 뒤 산업연구원KIET에서 연구와 정책 제언을 한 지 이십여 년. 그 뒤 2003년에 부산대학교로 와 또 이십여 년을 지냈다. 서울에서 활동할 때도 수도권과 지방의 격차를 모르지 않았다. 하지만 그 격차는 머리로 하는 '이해'였다. 부산에서의 이십여 년은 그 머리로 하는 이해가 가슴의 '쓰라림'으로 변하는 과정이었다. 그냥 격차가 아니었다. 절벽이었다.

서울의 지인들에게 이런 소회를 말하면 "그것은 지방의 문제가 아닌가, 부산에서 열심히 노력해야 하는 것을 왜 서울에 와서…." 라는 반응이 돌아왔다. 지방에 있는 대학교수 한두 사람, 정치인 한두 사람의 노력으로 해결되는 일이 아니라, 구조적인 문제라는 사실을 그들은 왜 알려고 하지 않을까?

공부를 마친 뒤 서울에서 이십 년, 다시 부산으로 내려와서 이십 년. 이 정도 경험이면 말을 해도 되지 않을까? 아니, 서울과 부산에서 비슷한 기간을 보낸 선생의 자격으로, 그래서 학생들을 가르치고 지켜본 내가 말하지 않으면 누가 말을 해야 하나?

내가 가르치고, 부산대학교라는 지방 대학에서 나와 함께 공부한 그 아이들. 그 아이들이 이 험난한 대한민국에서 자리 잡아 가는 과정을 알게 모르게 들으며, 이 책을 집필해야 하지 않겠나 생각했다. 최소한 그 아이들이 겪는 어려움이 그들의 후배들에게까지 이어져서는 안 된다는 그 생각 때문에.

무엇을 쓰려고 하는가?

서울은 왜 서울이고 지방은 왜 지방인가? 우선 이런 문제에 대한 경험을 말하고 싶다. 부산으로 내려와야만 보이는 서울의 경쟁력, 서울로 가서 눈으로 확인해야만 보이는 부산의 초라함.

지방의 문제를 거론하면서 왜 부산에 대해서만 말하는가? 이런 질문이 나올 수 있다. 인정하고 싶지 않지만, 아직 부산은 대한민국 제2의 도시다. 제2의 도시가 이 정도면 여타 도시와 지역은 구태여 말하지 않아도 알 수 있지 않을까? 그런 생각이 깔려있다.

그래서 다음과 같은 것들을 말하고 싶다. 부산에는 없는 것, 서울에만 있는 것. 다소 감성적인 면이 없지 않지만, 약간의 논리적 기반을 전제로, 그와 함께 그 모두를 포괄하는 통찰력을 바탕으로 부산과 서울을 비교하려 한다. 이와 함께 아직 청정의 자연을 유지하고 있는 경상남도 함양의 사정을 설명하면서 지방에서 산다는 것이 무엇인지 설명하려 한다.

이런 설명을 바탕으로 수도권과 지방의 격차, 지방소멸 문제를 해결하기 위해서 무엇을 하면 좋을지를 차근차근 살피고 싶다. 세부적인 정책과제보다는 그 정책과제가 나아가야 할 방향에 초점을 맞추었다. 구체적인 정책의 세부 과제보다는 이 문제를 해결하기 위해 어떤 방향으로 나아가야 할지 그 방향이 더 중요할 수 있기 때문이다.

그러면 정말 이 책을 쓰는 아주 구체적인 목적은 무엇인가?

그것은 '아, 망해가는 지방을 구하지 않으면 대한민국의 미래는 참 어둡구나' '아, 수도권과 지방의 격차는 정부가 반드시 해결해야 할 문제구나' 이런 표현이 막연하다면 '정부가 수도권과 지방의 격차를 해결하기 위한 정책을 시행한다면 최소한 반대하거나 방관하지는 말아야겠구나' 하는 공감대를 가지게 하자는 것이다.

지방을 살려야 대한민국이 산다.

지금 시작해도 빠르지 않다.

지리산 천왕봉을 바라보며

김기홍

차 례

프롤로그

1부 / 인구절벽과 지방소멸

1. 지구상에서 가장 먼저 사라질 나라 — 16
버림받은 두 단어, 그 첫 번째 : 인구절벽 | 대한민국이 마주한 출산 파업의 문제

2. 서울과 수도권만 남을 나라 — 26
수도권은 기형적 가분수 | 버림받은 두 단어, 그 두 번째 : 지방소멸

3. 닭이 먼저인가, 달걀이 먼저인가 — 37
인구의 자연적 감소와 사회적 감소 | 왜 수도권과 지방이 균등해야 하는가

4. 눈을 감아도 사라지지 않는 사실 — 43
서울, 부산 그리고 함양 | 미리 보는 서울과 부산의 위상

2부 / 서울

1. 서울: 싸이와 반도체 — 53
서울, 대한민국의 대표?

2. 서울의 위상 — 58
대한민국의 취업 남방한계선 | 서울을 향한 열병식 | 아프면 서울로!

3. 문화의 서울, 디테일의 서울 — 71
박물관과 원자력발전소 | 애플 스토어와 블루보틀 커피 | 악마는 디테일에 있다

4. 아! 서울 — 86
대견함, 자부심 그리고 신경질 | 왜 서울을 떠나지 못하는가

3부 / 부산 : 노인과 바다

1. 부산, 그 환상과 실제 — 97

2. 아름다운 야누스의 도시 — 104

3. 부산에서의 삶 — 110
투자는 서울, 실거주는 부산 | 지잡대와 부산대학교 | 부산 학생들은 왜 서울로 가는가

4. 추억으로 사는 부산 — 123
파이낸셜타임스의 기억 | 노인과 바다

5. 아, 부산 — 134
인구가 감소하면 생기는 일 | 부산이 좋다

4부 / 함양 : 강산과 인걸

1. 함양, 변화와 생존 — 145
함양, 10년간 어떻게 변해왔을까 | 인구증가를 위한 눈물겨운 노력

2. 함양의 모듬살이 — 154
함양군의 시외버스 혹은 시내버스 | 함양은 무엇으로 먹고사는가 | 함양에서 산다는 것

3. 10년 뒤, 함양은 어떻게 변할까 — 171

5부 / 지방소멸, 어떻게 막을 것인가

1. 헤어질 결심 — 176
1. 자기기만에서 떠나기 | 2. 당근으로 부족하다 | 3. 지역 내 이기주의 | 4. 지방분권이라는 허울 | 5. 서울대 10개 만들기? | 6. 국가균형발전과의 작별

2. 고양이 목에 방울 달기 — 199
1. 통일과 독립의 방울 달기 | 2. 아래로 : 대 하방정책 | 3. 위로: 대 상방정책 | 지금 당장, 앞으로 10년

에필로그 — 217
참고문헌 — 228

1부

인구절벽과 지방소멸

1
지구상에서 가장 먼저 사라질 나라

'지구상에서 가장 먼저 사라질 나라'

공상과학 소설이나 자연재해를 언급할 때 나오는 용어가 아니다. 2021년, 영국 옥스퍼드 인구문제 연구소Oxford Institute of Population Ageing는 대한민국을 지구상에서 가장 먼저 사라질 나라로 언급했다.[1]

복잡한 수리모형이나 어지러운 수학적 계산이 필요한 것이 아니다. 대한민국이 지구상에서 가장 먼저 사라질 나라라는 사실은 초등학교 고학년 수준의 단순한 계산으로도 충분히 알 수 있다.

---

1. 〈한국경제신문〉 2021년 12월 24일 기사에서 재인용.

버림받은 두 단어, 그 첫 번째 : 인구절벽

현재의 인구를 유지하는 데 필요한 출산율은 2.1이다. 〈표 1〉에서 보는 바와 같이 대한민국의 출산율은 1970년대에 4.53이었다가 1990년대에 2.1을 밑돌기 시작했고, 2020년대에 접어들어서는 1보다 낮은 0.84를 기록하고 있다. 2021년 대한민국의 출산율은 세계 최저인 0.81을 기록하였고, 바로 이 해부터 대한민국의 총인구는 정부 수립 이후 72년 만에 감소하기 시작했다. 출산율이 극적으로 회복되지 않는 한 대한민국의 총인구는 해를 거듭할수록 서서히 줄어들게 된다.

〈표 2〉는 이런 사실을 대한민국의 출생자 수, 사망자 수를 비교하는 과정을 통해 보여준다. 여기에서 보는 바와 같이 출생자 수와

<표 1> **대한민국 합계 출산율의 변화(단위: 명)**

	합계 출산율	연간 평균 출생아 수
1970년대	4.53	101만
1980년대	2.28	86만
1990년대	1.57	65만
2000년대	1.48	64만
2010년대	1.23	47만
2020년대	0.84	27만
2021년	0.81	26만

자료 : 통계청 자료를 〈한겨레신문〉 2022년 8월 1일자에서 재인용

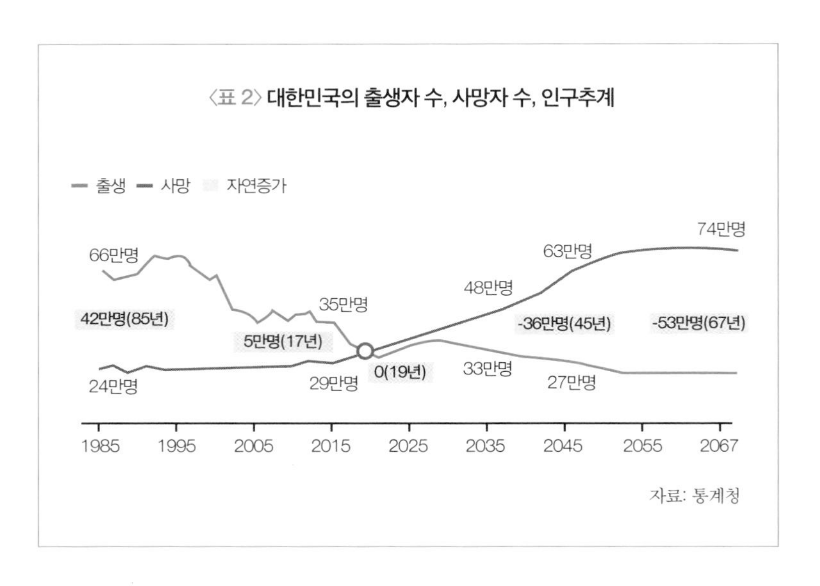

〈표 2〉 대한민국의 출생자 수, 사망자 수, 인구추계

사망자 수는 2019년에 같아지고, 2년여의 정체기를 거쳐 2021년부터는 총인구가 줄어들기 시작한다.

별문제 아닐 수도 있다. 사람에 따라서는 좁은 땅에 인구가 줄어들면 오히려 쾌적하게 살 수 있다는 생각도 할 수 있다. 전혀 틀린 말은 아니다. 인구가 감소하더라도 일할 인구가 유지되면 별다른 문제가 없을 수도 있기 때문이다. 과연 그럴까?

경제학에서는 생산 가능한 인구 규모를 15~64살의 인구수로 가늠한다. 대한민국의 생산연령인구는 2018년을 정점으로 감소하고 있으며, 그 감소 속도는 점점 더 빨라질 것으로 보인다.[2] 〈표 3〉

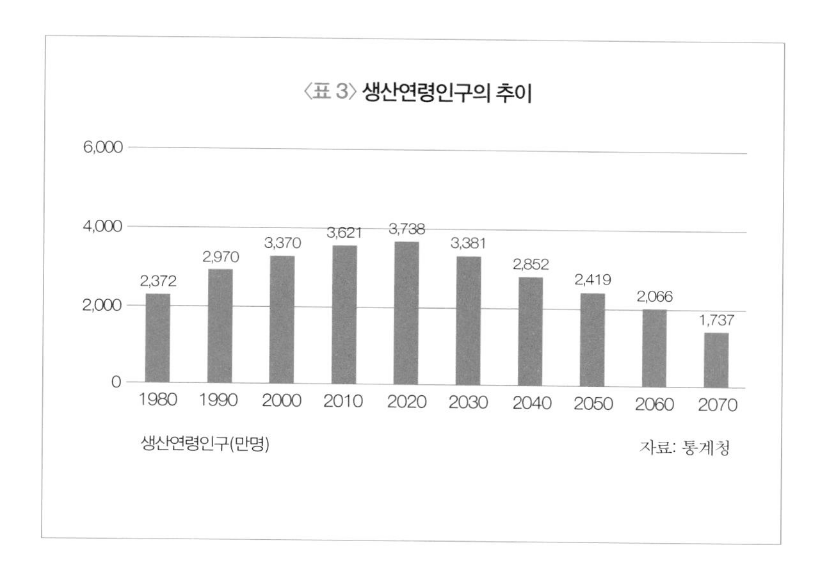

은 생산연령인구의 추세를 10년 단위로 비교한 것인데, 이에 의하면 생산연령인구는 2020년 3,738만 명에서 2030년 3,381만 명으로 감소하고, 2070년에는 1,737만 명으로 2020년의 46.5% 수준에 그칠 것으로 전망된다.

게다가 우리나라는 고령화사회를 넘어 고령사회에 진입했고, 조만간 인구 천만 명이 노인 인구로 편입되는 초고령사회로 접어든

---

2. 국회 입법조사처 재정경제팀 김민창 입법조사관의 연구 결과를 〈한겨레신문〉 2022년 8월 1일자 기사에서 재인용.

〈표 4〉 2023년, 2070년 인구구조의 변화

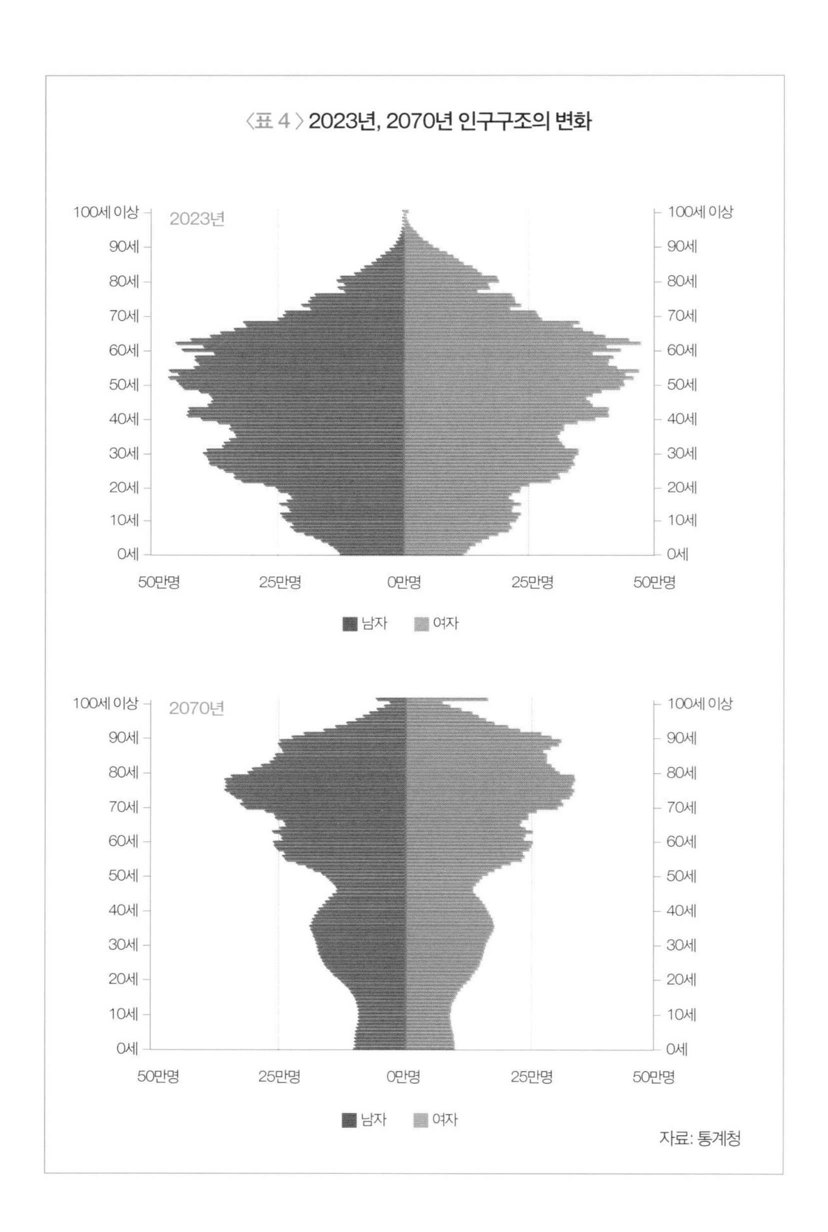

자료: 통계청

다.[3] 일할 인구는 줄어드는데, 일할 인구가 부양해야 할 노인 인구는 늘어난다.

현재와 같은 상황(출산율의 급격한 감소, 총인구의 감소, 생산연령인구의 감소, 노인 인구의 증가)이 계속되면 어떤 일이 벌어질까? 그 결과는 자명하다. 2030년을 전후하여 '인구재앙'의 단계, 즉 국가의 소멸을 체감할 수 있는 단계에 접어들 수 있다. 2070년 대한민국 미래 인구구조를 예측한 〈표 4〉는 지금까지 논의한 세 가지 사실을 다시 한번 분명히 보여준다.

1. 출생 인구는 계속 줄고 있다
2. 노인 인구는 지속적으로 늘고 있다
3. 총인구 감소세는 시간이 지날수록 뚜렷해진다

언론계나 학계에서는 누구도 이 문제를 가볍게 생각하지 않는다. 정부도 이 문제의 심각성을 모르는 바 아닌 것 같다. '아닌 것 같다'라고 표현한 것은 정부가 정말 문제를 심각하게 생각했으면

---

3. 전체 인구에서 65세 이상 노인의 인구 비중이 7%를 넘으면 고령화 사회, 14%를 넘으면 고령사회, 20%를 넘으면 초고령사회라고 한다. 우리나라는 2000년에 고령화 사회로 진입했으며(7.2%), 2017년에 고령사회로 진입했고(14.2%), 2026년에는 초고령사회로 진입할 것으로 보인다(20%).

지금까지와는 다른 방향을 찾았을 것이기 때문이다. 인구절벽은 단순히 인구감소에 국한되는 것이 아니라, 산업구조, 부동산, 도시계획, 건강보험, 국민연금, 경제성장 등 국가의 백년대계百年大計와 직결되는 문제이기 때문이다.

하지만 누구도 먼저 나서려 하지 않는다. 어쭙잖은 보조금이나 생색내기용 정책 몇 가지를 던져 놓고 "우리는 노력하고 있다"라는 자기만족에 빠져있다.[4] 해변에 태풍이 다가오는데 모두 모래 속에 머리를 집어넣은 채 외면하고 있다. 혹은 이렇게 생각하고 있는 것 같다.

"노력하고 있는데 무엇을 더 어떻게 하라는 말인가?"

"내가 살 동안에만 문제가 폭발하지 않으면 돼."

인구절벽이라는 단어는 그래서 마치 투명 인간처럼 버림받은 단어가 되었다.

대한민국이 마주한 출산 파업의 문제

어려운 문제라도 그 본질을 깨달으면 해결책을 찾을 수 있다. 인

---

4. 지난 20년 동안 정부는 출산율 제고를 위해 200조 원이 넘는 예산을 투입했고, 관련 제도는 2천 가지가 넘는다고 한다. 과연 효과가 있었을까?

구절벽. 해결책은 너무나 쉽다. 젊은이들이, 청년세대가 아이를 낳을 수 있도록 하면 된다. '아이를 낳을 수 있도록'이라는 표현은 가볍지만, 거기에는 매우 무거운 요인들이 뒤섞여 있다. 출산을 강제할 수 없다면 출산하는 것이 합리적 선택이 될 수 있는 여건을 마련해야 한다.

진단은 이미 내려져 있다. 영국의 BBC는 "한국 여성은 출산 파업 중"이라고 보도하면서 세계 최저 출산율의 원인을 경제적 압박과 여성 차별에서 찾고 있다. 이런 진단에 동의한다. 그래서 조금 긴 인용을 하고 싶다.[5]

> "한국에서 아이를 키우는 일에는 비용이 많이 든다. 많은 젊은이들이 천문학적인 주거비용으로 침몰하고 있다. … 한국 여성들의 교육 수준은 높지만, 직장에서의 지위는 동등하지 않다. … 여성은 출산 후 직장을 그만두거나 경력이 정체될 가능성이 크다. 많은 여성들이 직업과 가족 사이에서 선택을 강요받고 있다. 하지만 여성들은 점점 더 자신의 경력을 희생하고 싶어하지 않는다."

길은 보이지만 그 방향으로 가기는 쉽지 않다. 경제적 압박은 아

5. 〈경향신문〉 2022년 8월 26일 기사에서 인용.

이를 키우는 비용과 관련된다. 이 비용에는 사교육비로 대표되는 교육비와 주거비용이 포함된다. 그중 아파트로 대표되는 부동산 문제는 출생률 저하의 가장 큰 원인 중 하나다. '헬조선'이라는 말이 보여주듯 대한민국에서 아이를 낳고 키워 행복하게 살도록 하기 위해서는 너무 큰 비용이 든다.

해결책? 쉽지 않다. 단순히 양육비용을 지원하거나, 주거비용을 보조하는 것으로는 충분하지 않다. 경제적·사회적 시스템 전반을 바꾸어야 하기 때문이다.

사회 내에서의 구조적 여성 차별. 이 역시 빠른 해결을 기대하는 것은 연목구어緣木求魚다. 모두 대한민국의 경제적·사회적 구조 변화와 밀접히 닿아있기 때문이다. 대한민국 구성원 모두의 인식 개선이 없는 한, 심지어 여성차별금지법을 만들더라도, 여성에 대한 차별은 쉽게 사라지지 않는다.

경제적 압박과 여성 차별. 이 두 문제의 해결을 위해서는 대한민국의 경제적·사회적 대변혁이 필요하다. 그러나 지금까지의 역사가 보여주는 것처럼, 이런 대변혁은 혁명보다 어렵다.

이 문제만 해결된다고 해서 해피 엔딩이 되는 것도 아니다. 경제적 압박과 여성 차별 문제가 해결되면, 혹은 그런 방향으로 갈 수 있다면(정말 이렇게 갈 수 있을까?) 인구절벽의 문제는 완화될 수 있다. 하지만 '대한민국의 지속적 발전'이라는 큰 그림 하에서 인구절벽 완화는 필요조건은 될지언정 충분조건은 되지 못한다.

또 다른 큰 문제가 앞을 가로막는다. 어떤 극적인 변화로 감소하던 출생률이 증가세로 돌아선다 해도, 그 늘어난 인구가 자신들이 살 지역으로 지방 대신 서울과 수도권을 택한다면 어떤 일이 일어날까? 쉽게 말하자. 정부가 퍼붓는 경제적 비경제적 지원으로 인구가 늘어난다 해도, 그들이 모두 교육, 사회 인프라, 문화적 경험, 의료시설 등의 차이를 이유로 지방 대신 서울과 수도권에 살기를 선택한다면 (지금 그런 선택이 일어나고 있지 않은가?) 어떤 일이 발생할까?

지방소멸 바로 그것이다.

2
서울과 수도권만 남을 나라

대한민국의 미래를 걱정하는 사람이라면 2019년이라는 해를 반드시 기억해야 한다. 전 국토의 11.8%에 불과한 서울, 경기, 인천 등 수도권 인구가 2019년(25,925,799명)을 기점으로 대한민국 전체 인구(51,849,861명)의 절반을 넘어섰기 때문이다.

수도권은 기형적 가분수

국토의 11.8%에 전 인구의 50% 이상이 살고 있다면 그게 정상적인 일일까? 〈표 5〉는 2021년을 기준으로 수도권과 비수도권의 격차를 분석한 것이다. 1970년에는 수도권 인구 비중이 28.7%에 불과했다. 하지만 그 비중은 지난 50년 동안 21.6% 포인트 늘어나 2021년 기준 50.3%가 되었다.

인구만 늘어난 것이 아니다. 지역내총생산GRDP의 수도권 비중도 52.5%로 늘어났다. 청년 인구, 취업자 수, 1,000대 기업 수, 신용카드 사용액, 주택매매 가격 등 그 어느 것도 비수도권이 수도권을 넘지 못한다. 단 하나, 사업체 수는 비수도권이 수도권보다 많다. 이것은 역설적으로 수도권 기업의 규모가 비수도권보다 더 크다는 것을 의미한다.

지금이라도 이런 격차가 줄어든다면, 지방소멸이라는 단어를 함

〈표 5〉 **주요 지표별 수도권과 비수도권의 격차**

항목	수도권	비수도권
면적(2021년)	12.1%	87.9%
인구(2021년)	50.3%	49.7%
청년(20~39세)인구(2021년)	55.0%	45%
취업자 수(2021년)	50.5%	49.5%
사업체 수(2019년)	47.0%	53.0%
1,000대 기업 수(2020년)	86.9%	13.1%
GRDP(2020년)	52.5%	47.5%
1인당 GRDP(2020년)	37.1백만원	34.1백만원
신용카드 개인 사용액(2021년)	75.6%	24.4%
주택매매가격(중위단위값)(2022년 6월)	6.460천원	2,142천원

자료: 통계청, 한국은행, 한국부동산원의 자료를 분석한 김현우, 이준영(2022)에서 재인용

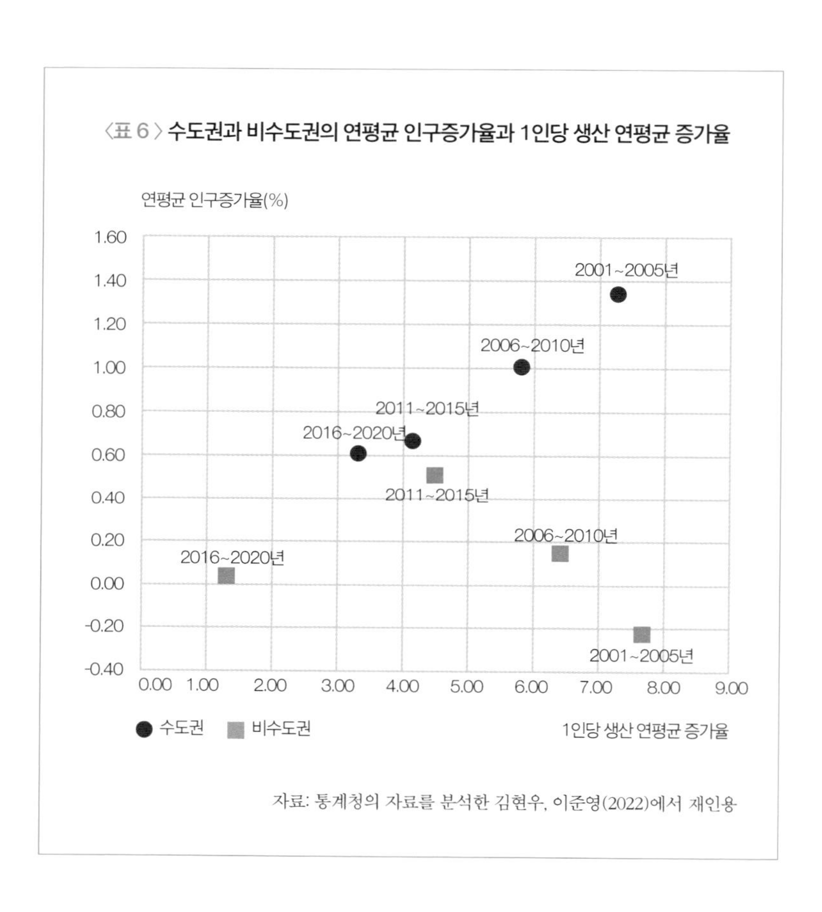

자료: 통계청의 자료를 분석한 김현우, 이준영(2022)에서 재인용

부로 사용해서는 안 된다. 또, (지방까지 포함해서) 인구가 줄어들더라도 줄어든 인구의 생산력이 더 높다면 이 역시 지방소멸이라는 단어를 사용할 필요가 없다.

〈표 6〉은 이런 조심스러운 추정을 할 필요가 없음을 보여준다.

이 표는 지난 20여 년간 수도권과 비수도권의 연평균 인구증가율과 1인당 생산 연평균 증가율이 어떻게 변해왔는지를 보여준다. 수도권은(비수도권은 정확히 이와 반대다) 인구증가율도 높고 1인당 생산 연평균 증가율도 높다. 인구가 늘어나는데, 생산성도 올라간다? 금상첨화란 이를 두고 하는 말이다. 정반대인 비수도권으로서는 정말 악몽 같은 일이다.

이런 추세가 계속되면 어떤 일이 발생할까? 〈표 7〉은 통계청이 내놓은 2020년과 2050년의 생산연령인구 시도별 구성비를 정리한 것이다. 이에 따르면 전국 생산연령인구는 2020년 3,738만 명(72.1%)에서 2050년에는 2,419만 명(51.1%)으로 향후 30년간 1,319만 명(-21.0%p) 감소하게 된다. 인구가 줄어드는 추세이니 생산연령인구가 줄어드는 것은 당연하다.[6]

이 생산연령인구 비중은 어느 지역에서 가장 많이 줄어들까? 각 지역의 생산연령인구가 다르니 그 비중이 가지는 의미가 다를 수 있다. 그런 사실을 고려하더라도 서울, 경기, 인천 등 수도권의 생산연령인구 비중은 모두 50%를 넘는다. 비수도권의 생산연령인구 비중은 광주와 제주를 제외하면 모두 50%를 넘지 못하고 40% 수

---

6. 시도별 생산연령인구 비중을 보면 2020년에는 서울(74.4%)이 가장 높고, 전남(65.4%)이 가장 낮다. 2050년에는 세종이 58.0%로 가장 높고, 전남은 43.4%로 가장 낮을 것으로 예측된다.

〈표 7〉 **생산연령인구의 2020년, 2050년 시도별 구성비**

지역	2020년	2050년
서울	74.4%	54.7%
경기	73.8%	53.8%
인천	74.0%	52.1%
강원	68.8%	45.2%
충북	70.9%	49.0%
대전	73.7%	52.7%
충남	69.4%	48.5%
세종	70.9%	58.0%
전북	67.7%	45.5%
대구	72.1%	49.1%
경북	67.9%	44.0%
광주	72.9%	52.3%
전남	65.4%	43.4%
부산	70.6%	48.3%
울산	74.2%	49.4%
경남	70.4%	46.1%
제주	70.5%	51.6%
전국	72.1%(3,738만 명)	51.1%(2,419만 명)

자료: 통계청

준에 머물고 있다.[7]

그래서 이렇게 말할 수 있다. 전체적인 인구가 줄어든 상황에서

7. 대전과 세종이 50%를 넘고 있지만, 이 사실은 대전과 세종이 확대된 수도권에 포함될 수 있다는 사실을 생각하면 그리 큰 문제는 아니다.

도 수도권의 생산가능인구 비중은 비수도권보다 더 높다.

간단히 말하면, 2050년이 되어도 비수도권보다 수도권에 일할 사람이 더 많다는 것이다. 당연하지 않은가? 일자리가 수도권으로 몰리고, 기업들도 수도권에서 일할 사람을 찾으니 서로 밀고 끌고 하기 마련이다.

이제 이 작은 항의 작지 않은 결론을 내릴 때다. 국토 면적의 11.8%에 불과한 수도권이 경제력, 인구 등 모든 면에서 비수도권을 앞지르면서 한국은 머리만 과도하게 커진 '가분수'가 됐다. 이런 집중이 계속되면 대한민국은 앞으로 서울과 수도권만 남는 나라가 될 수도 있다. 가분수 중의 가분수. 머리가 너무 커지면 어떤 일이 발생할까? 움직이지 못하고 활력이 떨어진다.

외국도 그렇지 않으냐는 반문이 나올 수 있다. 경제발전은 도시화를 촉진하고, 인구는 거대도시로 유입되기 마련이니, 도시로의 인구집중은 피할 수 없는 추세이긴 하다. 하지만 외국은 한국과 달리 다양한 도시로 가지, 수도권으로만 몰리지는 않는다. 그러니 대한민국의 수도권 집중도는 가히 세계적이다. 같은 문제로 머리를 싸매고 있는 일본(28%의 수도권 집중도)과 비교해도 우리의 집중도는 정말 압도적이다. 이런 세계 일등은 자랑할 일이 아니다.

버림받은 두 단어, 그 두 번째 : 지방소멸

지방소멸. 지방의 사라짐. 소멸이라는 단어에 거부감을 가질 수도 있다. 그런 느낌과는 별개로 소멸은 현재 진행되고 있으며, 속도가 점점 더 빨라지고 있다.

지방소멸은 기본적으로 해당 지역의 인구감소를 통해 드러난다. 그래서 단순하게 지방소멸을 지방의 인구가 줄어드는 지표로 분석할 수 있다. 이런 시각으로 지방소멸이라는 문제를 논의한 사람은 마스다 히로야이다.[8]

그의 지방소멸지수는 '20~39세 여성 인구'와 '65세 이상 고령인구'로 정의된다. 특정 지역 젊은 여성의 유출로 인해 출산력이 낮아지고 역내 고령자 사망자 수가 증가하면 총인구가 빠르게 줄어들어 지방소멸로 이어진다는 것이다. 행정안전부(2021) 역시 단순히 추세적 인구감소라는 현상에 주목하여 89개에 달하는 인구감소 지역을 발표한 바 있다.[9]

이런 지표들은 지방인구의 자연적 감소에 중점을 두고 있다. 하지만 지방소멸의 분석에는 인구의 자연적 감소와 사회적 감소(즉,

---

8. 이하 마스다 히로야의 분석과 개념은 KIET 산업경제(2022)를 따른 것이다.

9. 행정안전부는 국가균형발전법 특별법 제2조 및 동 시행령 제2조의 3에 근거하여 229개 지자체를 대상으로 2021년 89개의 인구감소지역을 지정하였다.

〈표 8〉 **K-지방소멸 단계별 지수(단위: 개, %)**

명칭		지방소멸지수	지역 수	비율
소멸무관		1.50 이상	15	6.6
소멸안심		1.25~1.50 미만	31	13.6
소멸예방		1.0~1.25 미만	66	28.9
소멸선제대응		0.75~1.0 미만	57	25.0
소멸위기	소멸우려	0.5~0.75 미만	50	21.9
	소멸위험	0.5 미만	9	3.9
소계			228	100.0

자료: KIET 산업경제(2022)에서 인용

청년층을 중심으로 한 인구의 역외유출)를 포함해야 하고, 이 같은 인구의 역외유출을 유발한 요인까지 포함하는 것이 바람직하다. 그런 점에서 산업연구원이 개발한 'K-지방소멸 지수'를 사용하는 것이 현실을 잘 반영할 수 있다. 이 지수는 인구증감률까지 포함한 지역경제 선순환 메커니즘을 잘 보여준다.[10] 이에 따르면 지방소멸의 단계별 지수는 〈표 8〉과 같이 정리된다.

여기서 시선을 끄는 것은 9곳에 달하는 소멸위험지역과 50곳에 달하는 소멸우려지역이다. 소멸위험지역은 인천 옹진군을 제외하면 경북 4곳, 전남 2곳, 강원과 경남이 각 1곳이다. 인천 옹진군의 경우에는 백령도, 연평도, 대청도, 소청도 등 경기만 일대의 섬 일부

10. K-지방소멸지수의 의미, 마스다와 행정안전부 개념과의 차이에 대해서는 허문구 외(2022)와 KIET 산업경제(2022)를 참고.

〈표9〉 소멸위험지역과 소멸우려지역

소멸위험지역(0.5 미만, 9개 지역)							
지역명	지수	지역명	지수	지역명	지수	지역명	지수
전남 신안군	0.088	경남 의령군	0.441	경북 청송군	0.473		
인천 옹진군	0.161	경북 봉화군	0.451	경북 영양군	0.473		
경북 울릉군	0.328	강원 고성군	0.468	전남 구례군	0.486		

소멸우려지역(0.5~0.75 미만, 50개 지역)							
전북 장수군	0.516	경남 산청군	0.582	전남 영암군	0.642	경기 연천군	0.696
경남 하동군	0.522	경남 고성군	0.586	전남 보성군	0.644	강원 삼척시	0.697
울산 동구	0.537	전북 임실군	0.587	전남 진도군	0.652	경남 함양군	0.703
전북 무주군	0.540	충남 태안군	0.596	전남 강진군	0.664	전남 장흥군	0.708
전남 완도군	0.541	강원 정선군	0.606	충북 단양군	0.668	경남 통영시	0.716
부산 영도구	0.549	경남 남해군	0.606	전남 해남군	0.668	강원 영월군	0.716
경북 군위군	0.552	경남 밀양시	0.608	경북 울진군	0.668	강원 태백시	0.719
강원 화천군	0.558	경북 청도군	0.608	전북 부안군	0.669	강원 인제군	0.724
전북 순창군	0.559	강원 평창군	0.628	충북 보은군	0.673	강원 양양군	0.741
경남 합천군	0.561	경북 영덕군	0.631	전남 고흥군	0.675	충남 서천군	0.745
전남 함평군	0.561	전남 영광군	0.635	경북 의성군	0.678	인천 강화군	0.749
전남 곡성군	0.566	부산 서구	0.636	충북 영동군	0.684		
전북 진안군	0.576	강원 양구군	0.640	경기 가평군	0.687		

자료: KIET 산업경제(2022)에서 인용

를 관할하고 있기에, 수도권이지만 비수도권의 성격이 강하다. 따라서 소멸위험지역은 전적으로 비수도권에 속한다고 볼 수 있다.

소멸우려지역과 소멸위험지역을 합친 소멸위기지역은 모두 59곳이다. 전남과 강원이 가장 많고, 그다음으로 경북, 경남, 전북, 충북 순이다. 흥미로운 사실이 있다. 수도권에 속하는 인천과 경기 각각 2곳이 소멸위기지역에 포함되어 있다. (인천 옹진군과 강화군, 경기 가평군과 연천군) 이 사실은 수도권에 속하는 지역도 지방소멸 추세와 전적으로 무관하지 않다는 것을 보여주고 있다. 여기에 속한 지역들의 특징은 강남, 판교 등 대한민국 발전 축과 상당한 거리를 두고 있다는 것이다. 그래서 수도권 내에서도 성골 수도권과 하下두품 수도권이 존재하게 된다.

관심을 끄는 것은 부산의 2개 지역, 울산의 1개 지역이 소멸위기에 처해있다는 것이다. 부산은 영도구와 서구, 울산은 동구가 여기에 속한다. 대한민국 제2의 도시 부산의 자치구, 그 자체가 소멸될 위기에 처해있다. (부산 영도구 사례는 3부에서 다시 집중적으로 검토할 것이다.)

이해할 수 있겠는가? 지방소멸 위기는 매스컴이나 언론의 자극적인 기사에만 존재하는 것이 아니다. 바로 우리 옆에서 진행되고 있다. 하지만 고백하지 않을 수 없다. 누구나 '지방소멸 그거 위험하지' 하는 생각에는 동의한다. 그러나 누구도 자기 일로 생각하지 않는다.

아무도 나서려 하지 않는다. 국토균형발전? 그건 행정부의 일이지 내 일이 아니다. 정부는 어떨까? 보조금을 지급하거나 관련 정책 몇 가지를 던져 놓는 것으로 '우리도 노력하고 있다'라는 자기만족에 빠져있지 않은가? 인구절벽의 경우와 어쩜 그렇게 흡사한가? 해변에 태풍이 다가오는데 모두 모래 속에 머리를 넣고서는 외면하고 있다. 혹은 이렇게 생각하고 있는 것 같다.

'노력하고 있는데, 무엇을 더 어떻게 하라는 말인가?'

'내가 살 동안에만 문제가 폭발하지 않으면 돼.'

지방소멸은 이런 분위기 속에서 잊힌 단어가 되었다.

3
닭이 먼저인가, 달걀이 먼저인가

출생률 저하로 대표되는 '인구절벽'은 인구의 자연적 감소를 의미한다. 여기에 청년 인구를 중심으로 한 인구의 역외유출까지 포함하는 '지방소멸'은 인구의 사회적 감소를 의미한다.

인구의 자연적 감소와 사회적 감소

무엇이 더 중요한가? 닭이 먼저인지 달걀이 먼저인지 묻는 것만큼이나 어리석은 질문이다. 그렇지만 반드시 새겨야 할 사실이 있다. 경제적 압박과 여성 차별 같은 사회적 조건이 완화되어 인구가 다시 증가세로 전환될 수 있다고 가정하자. 그러면 지방소멸이라는 사회적 감소가 사라질까? 답은 분명하다. 그렇지 않다.

인구가 증가하는 과정에서 수도권과 비수도권의 격차가 지속되거나 더 확대될 경우, 지금 진행되는 수도권으로의 인구 집중현상은 사라지지 않는다. 1960년대 후반부터 1990년대 초반까지, 대한민국의 인구는 계속 늘어나고 있었고, 그 늘어난 인구는 '스펀지가 물을 빨아들이듯' 수도권으로 유입되었다. 그래서 수도권과 비수도권의 격차가 해소되지 않는 한, 인구증가만을 목표로 한 정책과 사회적 변화는 장기적으로 대한민국에 이롭지 않다. 모든 자원이 또다시 수도권으로 유입될 수밖에 없다.

인구의 자연적 감소를 해결하기 위한 정책을 시행하지 말아야 한다는 말일까? 그렇지 않다. 인구절벽을 해소하기 위한 종합적인 정책은 가급적 빨리 시행되어야 한다. 정말 시급하다. 하지만 지방소멸을 방지하기 위한 정책이 없는 상태에서 인구의 자연적 감소를 방지하기 위한 정책만 추진한다면, 우리가 직면하고 있는 수도권 인구 집중 문제는 더 증폭될 뿐이다.

서울로 수도권으로 집중하는 이 추세를 막지 못하면, 부푼 풍선이 언젠가 터져버리듯, 대한민국이 어느 순간 작동을 멈춰버릴지 모른다. 11.8%의 국토에 인구 4천만 명이 모여 사는 현실을 감당할 수 있겠는가? 교통, 주택, 문화, 의료 등 사회적 인프라는 그 수용에 한계가 있다. 그래서 지방소멸을 방지하기 위한, 지방소멸 추세를 막기 위한 정책을 일관성 있게, 과감하게 시행하는 것이 무엇보다 시급하다.

지방소멸을 방지하기 위한 정책을 시행하는 것에는 또 다른 장점이 있다. 비수도권이 수도권과 함께 균형 있게 발전할 수 있다면, 그 과정에서 인구의 자연적 감소를 방지하는 효과가 있다. 3부에서 자세히 설명하겠지만, 서울에서 탈출하기를 원하는 사람들이 많이 있다. 그들이 지방에 정착할 수 있는 유인을 제공한다면 지방의 인구를 늘림과 동시에(그래서 지방소멸의 추세를 방지하거나 막을 수 있다), 결과적으로 대한민국의 전체 인구도 늘어나는 효과를 기대할 수 있다. 또, 지방소멸을 방지하는 정책을 취하는 과정에서 대한민국의 경제적 사회적 변화도 함께 기대할 수 있다. 지방인구가 늘어나면 수도권 주택 가격 안정을 기대할 수 있고, 지방에 충분한 일자리가 갖추어진다면 여성 차별과 같은 사회적 제약의 완화도 기대할 수 있다.

인구절벽, 지방소멸. 이 두 문제는 모두 중요하고 한꺼번에 해결책을 시행할 필요가 있다. 그러나 제한된 가용 자원을 생각한다면, 지방소멸을 방지하기 위한 정책을 큰 줄기로, 인구절벽을 막기 위한 정책을 작은 줄기로 하는 것이 바른 방향이다.

이렇게 말할 수 있다. 인구절벽 해소가 대한민국의 장기발전을 위한 필요조건이라면, 지방소멸 방지는 그 필요충분조건이다.

왜 수도권과 지방이 균등해야 하는가

수도권과 비수도권의 격차와 지방소멸을 해소하기 위한 정책이 시급하다고 하면 반드시 제기되는 질문이 있다.

"차이가 나는 게 당연하지 않은가? 수도권과 지방에 사는 사람들의 학위, 평균 근로시간, 대기업 수가 다른데 어찌 소득이 같을 수 있는가?"

"서울 과밀 억제 이야기 그만하라. 서울과 수도권에 사람이 모여 사니 배달도 잘되고, 24시간 영업도 잘되고, 그래서 더 살기 좋아지는 것 아닌가?"

"공부를 더 많이 하고, 능력 있는 사람이 더 높은 소득을 받고, 그래서 부자가 되는 것이 당연하지 않은가? 서초와 강남은 고등학교와 대학교에서 공부 잘했던 사람들이 모여 살고 있다. 그래서 더 잘사는 것 아닌가? 무엇을 어쩌라고?"

가벼운 질문을 던진다.

수도권과 비수도권의 학위, 평균 근로시간, 대기업 수와 같은 경제적 격차는, 선택과 집중을 통해 대한민국 경제발전 속도를 빠르게 하기 위해 계획된 것이다. 소위 말하는 낙수효과를 기대한 것이다. 지금 대한민국의 세계적 위상을 고려할 때, 아직도 비수도권이 수도권을 위해 희생해야 하는가?

서울과 수도권에 사람이 많이 모여 사니 배달도 잘되고 영업도 잘되고, 그래서 더 살기 좋아진다. 맞다. 어느 정도까지는. 하지만 임계점이 어디인지 모른다. 물이 끓어오르기 전에는 언제 물이 끓을지 알기 어렵다. 하지만 우리는 열을 계속 가하면 물이 끓는다는 사실을 알고 있지 않은가. 서울과 수도권의 모든 사회적 인프라가 최종 한계점에 도달하기 전까지는 '살기 좋다'는 말만 되풀이할지 모른다. 임계점을 넘는 순간, 사회적 인프라가 최종 한계점을 넘는 순간 어떤 일이 발생하겠는가?

능력 있는 사람이 더 높은 소득을 받고 그래서 부자가 되는 것은 당연하다? 어느 정도까지는 틀린 말은 아니다. 하지만 그 높은 소득, 그 부자는 대한민국의 경제적 사회적 여건을 배경으로 한 것이다. 오로지 자기 혼자 힘으로 그 소득, 그 부자가 된 것이 아니다. 비합리적 능력주의의 신봉자가 아니라면, 수도권의 그 소득, 그 부자는 비수도권의 희생 아래 진행된 것이라는 사실을 모를 리 없다(희생이란 말에 거부감을 가질 수도 있다. 최소한 수도권으로의 선택과 집중이 없었다면 그런 소득, 부가 가능했을까?) 서초와 강남을 폄훼하려는 것이 아니라, 최소한 비수도권에도 그 소득, 그 부자 정도는 있어야 하지 않겠는가?

결국, 수도권과 비수도권의 격차가 당연하다는 생각은 다음과 같은 응석부리기 혹은 문제 회피에 불과하다.

"내가 살 동안에만 문제가 폭발하지 않으면 돼."

태풍이 점점 몰려오는데, 모래 속에 머리를 파묻고 아무 문제 없다고 외치는 어리석은 일은 이제 그만두어야 한다. 고양이 목에 방울을 달아야 할 때다.

4
눈을 감아도 사라지지 않는 사실

지방소멸 문제를 살피다 보면 반드시 두 개의 사실Fact과 마주치게 된다. 그 하나는 강준만 교수의 '지방은 식민지다'라는 외침이고, 다른 하나는 〈경향신문〉의 '두 번째 분단'이라는 기획 기사다. 2008년에 발표된 강 교수의 칼럼은 지금 보아도 문제의 본질을 정확히 파헤치고 있다.

> "대한민국은 두 개의 나라다. 지방은 식민지다. 이른바 '내부 식민지'다. … 지방 토호는 수도권과 지방에 양다리를 걸친 '이중국적자들'이다. 수도권에 집 한두 채 정도는 갖고 있으며 자녀들과 일가친척들이 살고 있기 때문에 언제든 수도권으로 옮겨 갈 능력이 있는 사람들이다. 이들도 '지방 살리기'를 원하긴 하지만 적극적이진 않다.[11]"

강 교수는 수도권의 빈민층과 지방 토호라는 두 계층을 강조한다. 하지만 수도권의 빈민층은 적절한 사회적 지원이 이루어지고, 대한민국의 경제집중이 완화되면 지방으로 이주할 수 있는 잠재력을 가진 사람들이다. 이들을(이들까지 포함한 수도권 중류층까지) 지방으로 어떻게 이동하도록 유도할 것인가? 어쩌면 이것이 문제의 본질일 수 있다. 지방 토호에 대한 인식에는 공감한다. 3부에서 말하는 '투자는 서울, 실거주는 부산'이라는 인식도 이와 같은 맥락으로 볼 수 있다.

〈경향신문〉의 기획 기사는 '팽창 가속 수도권, 소멸 직전 지방, 두 번째 분단'이라는 제목으로 시작되었다. 제목이 이 기획의 80% 이상을 설명하고 있다. 어쩌면 이 기획 기사는 그 제목을 정리하는 것으로 충분할지 모른다.

- 서울은 나쁜 심장 같아요, 순환이 안 되잖아요
- 서울, 잡기 힘든 무지개
- 한국의 대학, 수도권 아니면 버티기 힘든 구조
- 의료사막, 시골 살아 죽으면 안 되잖아
- 일자리 따로 사는 곳 따로, 지방에도 통근전철 안 될까요

---

11. 〈한겨레신문〉, 2008년 11월 2일자 칼럼.

- 비수도권의 절박감
- 수도권은 '불장'인데 여긴 주택 열 곳 중 한 곳이 빈집

강준만 교수의 칼럼과 〈경향신문〉의 기획 기사에서 사용한 '지방은 서울의 식민지' '두 번째 분단'이라는 용어는 수도권과 비수도권이 처한 상황을 설명하기에 매우 적절하다. 지방이 왜 서울의 식민지가 되어야 하는가? 남과 북으로 갈라진 것만으로도 부끄럽고 억울하기 짝이 없는데, 왜 수도권과 비수도권으로 다시 갈라져야 하는가?

서울, 부산 그리고 함양

글머리에서도 밝혔지만, 이 책의 기본 의도는 정교한 사회과학 책을 쓰려는 것이 아니다. 그보다는 사회과학적 방법론을 밑에 깔면서 지방소멸이라는 문제가 어느 정도 심각한지, 왜 지방대 교수가 이 문제를 제기하는지, 나아가 책을 읽는 독자들이 이 문제가 왜 '매우 시급한 우리의 문제'인지 정서적으로 느끼게 하려는 데 있다.

그런 목적을 위해 서울, 부산, 함양. 세 지역을 택했다.

서울은 수도권의 대표로서 '왜 서울은 서울인지' 혹은 '서울과

비수도권은 무엇이 다른지' 쉽게 설명하려 했다. 서울에는 소멸위험지역이나 소멸우려지역이 없다. 대한민국의 전반적인 인구감소 추세에 따라 서서히 인구가 감소하는 것을 제외하고는 사라질 위험성이 전혀 없다.

비수도권의 대표로는 부산을 선정했다. 대한민국 제2의 도시가 이런 사정이라면 다른 도시는 묻지 않아도 알 수 있기 때문이다. 앞서 살펴보았지만, 부산에는 소멸위험지역은 없으나 소멸우려지역 두 곳이 있다. 영도구와 서구가 이에 속한다. 영도구의 소멸우려지수는 0.549 서구는 0.636이다. 부산과 같은 대도시에도 소멸우려지역이 있다는 것은 심각히 생각해야 할 일이다.

지방의 대표적인 소멸우려지역으로는 함양을 택했다. 비수도권 지역의 대표인 부산과 거의 비슷한 면적을 가지고 있지만, 인구는 현저히 작기 때문이다. 다른 이유도 있다. 다른 곳보다 조금 더 알기 때문이다.

함양의 소멸우려지수는 0.703이다. 이 수치는 부산의 영도구나 서구보다 오히려 높다.(소멸우려지수가 낮으면 소멸될 가능성이 더 크다) 반드시 이런 해석대로 연결되는 것은 아니지만, 통계상으로는 함양보다 부산의 영도구나 서구의 소멸 가능성이 더 크다. 그런 함양이 현재 어떤 위치에 있고 어떻게 변하고 있는지, 지방소멸 위기에 어떻게 대처하고 있는지 설명하려 한다.

〈표 10〉 **서울, 부산, 함양의 기본지표**

	서울	부산	함양
면적	605.2㎢	770.2㎢	725.49㎢
인구	9,424,873명	3,316,107명	37,585명
인구밀도	15,578.94명/㎢	4,305.51명/㎢	52.33명/㎢
GRDP	3,968억 달러	844억 달러	9.12억 달러
1인당 GRDP	41,763달러	25,237달러	24,264달러
행정구역	25구	15구 1군	1읍 10면

자료: 각 항의 인구는 2023년 1월 행정안전부 자료 참조. 서울의 GRDP는 2021년 기준. 부산의 GRDP는 2020년 기준. 함양의 GRDP는 2019년 통계청 자료를 토대로 함.

〈표 10〉은 서울, 부산, 함양 세 지역의 기본적인 지표를 모은 것이다. 함양과 부산의 면적은, 부산이 다소 넓긴 하지만, 거의 비슷하다. 그와 달리 서울은 부산이나 함양보다 협소하다. 인구는 정확히 거꾸로다. 서울 940만 명, 부산 330만 명, 함양 3만7천 명. 이런 인구 격차는 당연히 인구밀도에서도 드러난다.

가장 중요한 것은 GRDP이다. 기업과 일자리와 직결되기 때문이다. 이런 기본지표에서 볼 수 있는 가장 큰 차이점은 무엇일까? 그렇다. 인구 규모다. 큰 인구가 반드시 GRDP에 비례하는 것은 아니지만, 인구가 많을수록 GRDP는 커지기 마련이다. 함양군은 부산과 비교가 되지 않고, 부산은 서울과 비교가 되지 않는다. 서울은 부산의 4.7배, 부산은 함양의 94배 정도다.

흥미로운 사실 하나. 부산과 함양의 1인당 GRDP는 그리 큰 차이를 보이지 않는다. 부산과 함양의 1인당 GRDP는 각각 25,237달러, 24,264달러다. 산업구조의 근본적 차이에도 불구하고 부산과 함양의 생산력은 비슷해 보인다. 서울은 부산의 2배 정도쯤 된다.

미리 보는 서울과 부산의 위상

어디서 살면 경제적으로 풍족한 삶을 누릴 수 있을까? 이 말을 알아듣기 쉽게 번역하면 다음과 같다.

'어디서 살면 부자가 될 확률이 가장 높을까?'

경제적 풍요의 일차적 원천은 근로소득이다. 그래서 다시 묻는다. 젊은 사람들은 어디서 일하면 더 많은 돈을 벌 수 있을까? 짐작하는 바와 같다. 〈표 11〉에서 보는 바와 같이 대한민국 근로소득 상위 10개 지역은 모두 수도권이다. 경기 과천과 성남을 제외하면 전부 서울이다. 놀라운 것은 하위 10개 지역에 대한민국 제2의 도시라고 알고 있는 부산의 2개 지역(중구, 사상구)이 포함되고, 대한민국 제3의 도시라고 알고 있는 대구의 2개 지역(서구, 남구) 역시 포함된다는 사실이다.[12]

여러 복잡한 통계자료를 나열하거나 경제학적 분석을 할 필요가 없다. 부산은 서울이나 수도권보다 일자리와 소득 측면에서 크게

〈표 11〉 **지역별 1인당 평균 총급여액 상, 하위 지역(2020년)**

상위		하위	
서울 강남구	7,440만 원	부산 중구	2,520만 원
서울 서초구	7,410만 원	대구 서구	2,590만 원
서울 용산구	6,470만 원	경기 동두천시	2,800만 원
경기 과천시	6,100만 원	경기 포천시	2,820만 원
서울 송파구	5,190만 원	경북 의성군	2,820만 원
경기 성남시	5,000만 원	전북 부안군	2,860만 원
서울 종로구	4,880만 원	대구 남구	2,860만 원
서울 성동구	4,800만 원	부산 사상구	2,890만 원
서울 마포구	4,780만 원	경북 영덕군	2,900만 원
서울 중구	4,710만 원	전북 김제시	2,900만 원

자료: 국세통계연보

뒤떨어진다. 젊은이들이 부산을 떠나려는 것은 잘못된 선택이 아니다.

그래 맞다. 부산은 참 어렵다.

12. 혹자는 경기 동두천시와 포천시가 포함된 것을 들어 '수도권도 열악하니 위와 같은 발견은 그다지 새로운 것이 아니'라고 반론을 제기할 수 있다. 경기도 동두천과 포천은 휴전선 접경 지역이라 애당초 수도권 개발의 범주에 포함되지 않는 지역이다. 거꾸로 말하면, 비수도권 지역들은 수도권 미개발 지역의 소득과 비슷한 소득을 자랑한다. 수도권 말석과 비수도권 상석이 거의 같다는 이상한 역설이 가능하다.

2부

서울

"서울로 와."

모처럼 연락이 닿은 선배는 다짜고짜 호통이다. 이제 무엇에도 얽매이지 않고, 자유로운 생활이 가능하니, 구태여 부산에서 생활해야 할 이유가 없지 않냐는 것이다. 마침 집값마저 떨어지고 있으니 절호의 기회라고 주장한다.

말은 제주도로 사람은 서울로! 이런 격언이 어떤 이유로 하나의 상식이 된 것일까? 그 이유는 충분히 안다. 더 많이 배울 수 있고, 더 많이 경험할 수 있고, 더 많이 성장할 수 있다. 국제화된 기준에 맞춰 사람답게 생활할 수 있다.

그럼, 모든 젊은이들, 모든 열정이 넘치는 사람들, 모든 성장을 꿈꾸는 사람들이 전부 서울로 가야만 하는가? 그러면, 그래야 한다면, 서울은 마침내 풍선처럼 부풀어 터지지 않을까?

그래도 모두들 안다.

서울은 서울이다.

1
서울 : 싸이와 반도체

서울, 대한민국의 대표?

2000년대 초반이니 호랑이 담배 피우던 시절의 이야기.

중국 심천에서 중국과 한국의 디지털 경제 연례 세미나가 열렸다. 그해 세미나가 중국에서 열렸으니 다음 해에는 한국에서 열려야 하는데, 그 장소를 결정해야만 했다. 그때 한국 대표단의 한 분이 다음과 같이 말하자, 누구도 이의를 제기하지 않았다.

"서울에서 해야지, 강남만 한 곳이 어디 있어!"

서울 안의 100개 도시One Hundred Cities within Seoul. 2015년 7월, 미국의 일간지 〈뉴욕타임스〉가 서울 여행을 소개하며 내세운 제목이다. 서울의 매력을 골목이나 동네의 다양성에서 찾은 것이다. 매년 세계에서 가장 '쿨한' 동네를 발표하는 여행 매거진 〈타임아웃Timeout〉은 2018년에 을지로를 세계 2위, 2021년에 종로3가를 세계 3위로 선정했다. 영국 일간지 〈텔레그래프Telegraph〉는 2017년 홍대를 세계 2위의 힙스터 지역으로 선정했다.

"아, 정말 쿨하지 않은가?"

동경의 대표적인 도시개발사업자인 모리 재단의 도시전략연구소에서 2022년 세계 도시 경쟁력종합지수GPCI: Global Power City Index를 발표했는데, 서울이 베를린을 제치고 7위에 선정되었다. 서울 앞쪽에는 런던, 뉴욕, 도쿄, 파리, 싱가포르, 암스테르담이 자리한다. 아시아 도시로는 상하이(10위), 두바이(11위), 홍콩(23위), 방콕(40위) 등이 있다.

세계 주요 도시 생활환경을 조사하여 순위를 발표하는 세계적 컨설팅 그룹 머서Mercer는 2019년에 서울을 77위로 평가했다. 영국 〈이코노미스트〉의 자매회사인 EIU는 서울을 '2022년 세계에서 살기 좋은 도시' 60위 권으로 평가했다. EIU는 세계 173개 도시를 대상으로 안정성, 보건, 문화와 환경, 교육, 사회불안, 의료서비스 접근도, 부패 수준 등 30여 개 지표를 평가해 종합순위를 산정한다. 앞서 인용한 몇 사례들을 보던 누군가가 '힙한' 표정으로 말한다.

"물가가 비싸고 공기 질도 좋지 않지만, 서울이 정말 끝내주는 도시로군!"

서울이라고 완벽할 리 없겠지만, 대한민국 5천 년 역사에서 이 정도로 국제적 평가를 받은 적은 없다. 세계 3대 아트페어의 하나인 영국 프리즈가 서울에서 개최되었다는 둥, BTS를 보러 서울을 방문하는 외국인이 증가하고 있다는 둥 더는 의미 없는 에피소드를 나열하지 않아도 된다.

서울은 한국을 대표하는 국제적인 도시다. 서울은 세계 10위권을 오가는 세계적인 국가인 대한민국을 대표하는 도시다. 환율에 따라 10위권을 오가지만, GDP 순위로 볼 때 한국이 이탈리아의 GDP를 능가할 가능성이 점쳐지고 있고, 한때는 '이대로 가면 최소한 영국 정도는 따라잡을 수 있지 않을까?' 하는 오만방자한 생각을 하기도 했다.

이런 경제적 성과의 일등 공신을 꼽으라면 반도체를 뺄 수 없다. 지금이야 비메모리 반도체를 만드는 TSMC의 위상에 주춤거리지만, 메모리 반도체에 관한 한 한국은 세계 최강국이다. 삼성전자와 SK하이닉스가 서울에 위치한 것은 아니지만, 서울을 위시한 수도권에 위치한다는 점에서 반도체로 대표되는 한국의 경쟁력은 자연히 서울로 나타나지 않을 수 없다.

먹고사는 문제만으로 일등을 가린다면 조금 주춤할 수 있다. 대한민국은 경제뿐 아니라, 이제 어디에서도 얼굴을 들 수 있는 문화강국이다. 김구 선생님이 조국 광복을 눈앞에 두고 그토록 원했던 문화의 힘이 지금 한국에 나타나고 있다.

드라마, K팝, BTS, 기생충, 미나리. 단순한 예술적 성과만을 두고 하는 말은 아니다. 이런 문화 예술이 한국의 이미지를 개선하고, 그것은 다시 '메이드 인 코리아Made in Korea'의 성과를 올리는 선순환으로 연결된다.

K컬처. 가히 한국 문화의 중흥기다. 이런 K컬처는 언제 어디에서 시작된 것일까? 보는 사람에 따라서, 보는 시각에 따라 제각각 다른 평가를 할 수 있다. 하지만 싸이의 '강남스타일'이 하나의 기폭제 역할을 한 것은 틀림없다. '강남스타일'. 역시 하늘에서 떨어진 것은 아니지만, 세계적인 신드롬을 일으켰다는 점에서 한국의 문화적 영향력의 시발점으로 삼아도 손색이 없다.

서울 강남구 삼성동에 가면, 이 강남스타일 춤을 추는 손 모양 조각이 있다. 심심치 않다. '오빤, 강남스타일' 우스갯소리인지, 우스갯모양인지 이 조각 앞에서 인증 사진을 찍는 외국인의 모습을 종종 본다.

싸이와 반도체. 그래서 서울의 이미지를, 서울의 경쟁력을 이 두 단어로 집약한다. 자랑스러운가? 자랑스러워해도 좋다. 하지만 잊지 말아야 한다. 싸이와 반도체로 대표되는 서울, 아니 대한민국이 이 정도로 발전하기까지 몇 세대에 걸쳐 수많은 사람의 희생이 필요했다. 조금 더 자세히 말하자면, 이런 성과가 가능하기 위해서는

수도권에 대척되는 비수도권의 땀과 눈물이 필요했다.

선택과 집중으로 대표되는 대한민국 경제발전 전략, 낙수효과로 대표되는 수출정책. 쉽게 말해, 먼저 한 쪽이라도 잘 살고, 전체 파이가 커지면 나누어 가지자는 그 전략. 그래서 나중에 나누겠다는 그 약속. 이제 그 약속을 지킬 때가 아닌가? 이제 더는 선택과 집중의 때가 아니고, 한 지역의 희생을 담보로 대한민국이 성장해야 할 때도 아니다. 한숨과 좌절에 허덕이는 비수도권의 우리 젊은이들, 그리고 소멸을 앞둔 지방을 생각할 때다. 너무 늦기 전에!

2
서울의 위상

대한민국의 취업 남방한계선

남방한계선. 무슨 군사작전을 말하는 것이 아니다. 취업 남방한계선이니, 그 지역 밑으로는 젊은이들이 취업하지 않으려 한다는 의미다. 혹은 기업의 인사 담당자들이 그 지역 밑에서는 원하는 인력을 찾기 어렵다는 말도 된다. 여기서 말하는 그 지역은 양재와 기흥이다. 그러니 남방한계선이란 명문대를 졸업했거나 우수한 능력을 갖춘 취업준비생들이 양재·기흥 이남 근무를 기피한다는 것을 의미한다.

최근에는 이 남방한계선이 분화해서 두 종류로 나뉘었다. 사무직은 판교까지만 간다고 해서 '판교라인', 기술직 엔지니어는 용인

시 기흥이 마지노선이라고 해서 '기흥라인'이라고 한다.

왜 이런 일이 발생하는 것일까? 다양한 이유를 들 수 있지만, 가장 직접적인 이유는 첨단산업단지, 아니 성공한 벤처기업들이 모여있는 곳이 판교이기 때문이다. 2021년 기준, 판교에는 1,697개의 기업에서 71,967명의 임직원이 근무하고 있다. 이런 판교의 성공은 4차 산업혁명이 시작된 이후의 산업구조 변화를 반영한다. 소위 '네카라쿠배당토(네이버, 카카오, 라인, 쿠팡, 배달의 민족, 당근마켓, 토스)'가 이 지역을 중심으로 성장하기 시작했다.

성장의 비결? 바로 인력이다. 그런데 이런 인력들은 판교 이남으로 가기를 꺼린다. 판교 이남은 수도권이 아니라는 것이다. 알기 쉽게 말하면 이 지역 밑으로 가면 강남과의 접근성이 너무 떨어진다. 이 경우, 강남이란 특정 지역을 포함하기도 하지만 서울을 포함한 수도권의 교육, 문화 등의 인프라를 대변하는 말이다.

더 알기 쉽게 말하면 지방으로 가기 싫다는 것이다. 한때 대기업의 지방 주재원을 뽑을 때는 애인이 있는 사람을 뽑지 않는다는 이상한 말이 화제가 되기도 했다. 오래 버티지 못하고 퇴사한다는 것이다. 애인을 만나러 서울로 가기가 불편한 건지, 혹은 그 애인이 지방으로 가기 싫어하는 건지, 혹은 둘 다 의미하는 건지 우리는 알지 못한다.

그럼, 판교 밑의 기흥라인은? 기술직 엔지니어, 그러니 제조업

〈표 12〉 취업의 남방한계선

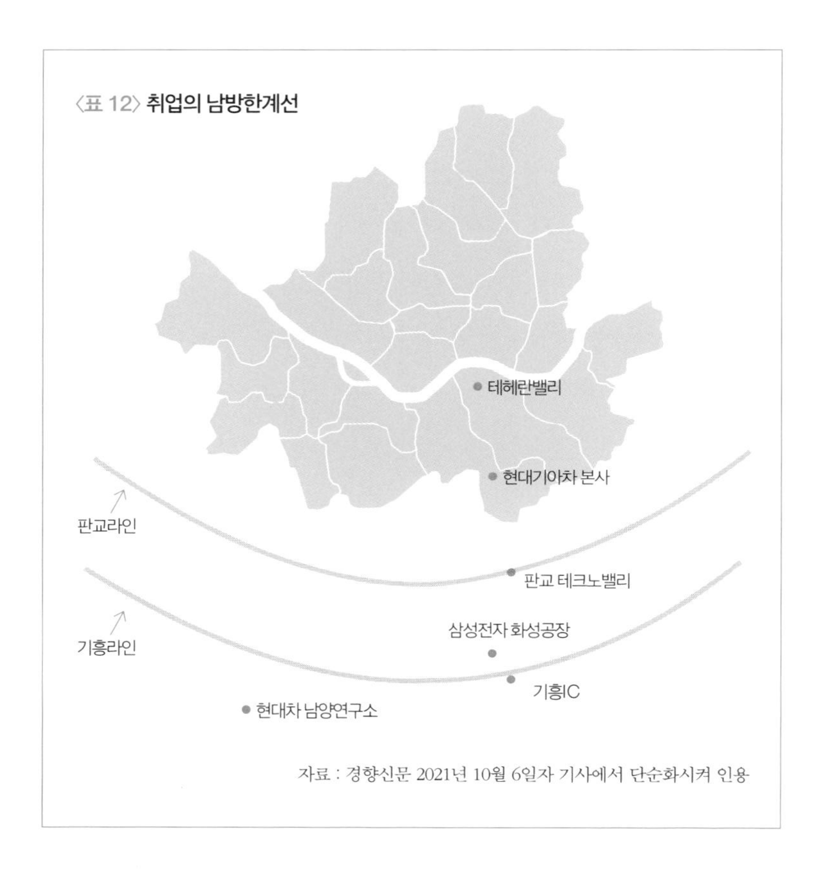

자료 : 경향신문 2021년 10월 6일자 기사에서 단순화시켜 인용

관련 직종은 기흥까지는 봐준다는 말이다. 달리 말하면 화성 현대차 남양연구소, 평택 삼성 반도체 클러스터도 '다소 억지를 부리면' 판교보다는 못해도 강남과의 접근성이 그럭저럭 보장된다는 것이다. 현대나 삼성이 판교에서 조금 떨어진 곳에 공장을 세운다 해도 이런저런 방식으로 강남과의 접근성을 보장한다면 원하는 기

술직 인력을 구할 수 있다.

이런저런 방식? 수도권 순환 고속도로, 광역급행철도GTX가 이에 해당한다는 것을 모두가 안다. 이런 고속도로, 저런 광역급행철도가 전부 완공되면 무슨 일이 벌어질까? 이들 고속도로와 급행철도가 지나는 지역까지로 취업 남방한계선이 살짝 조정될 수 있다.

수도권이 아닌 지방도 혜택을 볼 수 있을까? 그럴 리 없다. 지방까지 광역급행철도가 만들어질 리 없고, 설사 만들어진다 해도 인프라가 취약한 지방에 자발적으로 내려갈 수도권 인력들은 많지 않다. 또, 무슨 일이 일어날까? 취업이 잘되는 지역일수록 거주 시설은 더 필요하고, 사람이 더 몰리게 되면? 그렇다. 아파트로 대표되는 주택값은 다시 오른다.

서울로 대표되는 수도권의 글로벌 경쟁력은 최고 수준이다. 벤처기업 같은 4차 산업혁명을 주도하는 기업들은 수도권에 자리 잡아 훌륭한 인재를 뽑을 수 있고, 나름대로 능력을 갖춘 인재들은 수도권에서 원하는 직장을 구할 수 있다. 이런 현상은 일종의 긍정적 피드백을 형성해 외부의 접근을 허락하지 않는다. 나름대로 경쟁력을 가진 기업들은 지방으로 내려가지 않고, 인재들은 그런 기업이 없는 지방에서는 원하는 직장을 구할 수 없다.

악순환이다(누구에게는 이것은 선순환이다). 너무 쉽게 단정한다는 비판을 받을 수도 있다. 하지만 지금과 같은 수도권 중심의 순환 구조가 고착될수록 지방에서는 판교의 성공 사례도, 지방판 '네카라쿠배당토'도 나올 수 없다.

이런 경향은 4차 산업혁명이 진행될수록 더 심해질 것이다. 챗GPT로 대표되는 인공지능의 개발 인력, 개발 가능성, 개발 경쟁력은 판교를 중심으로 한 수도권에 집중된다. 일종의 클러스터 효과다. 그런 이유로 식상하지만 이런 결론을 내릴 수밖에 없다. 시간이 지날수록 수도권은 더 경쟁력을 갖추어가고, 비수도권은 경쟁력을 잃어간다.

서울을 향한 열병식

"무슨 성채로 들어서는 줄 알았어!"

친구의 아들은 거제의 중공업 회사에서 근무하다 승진과 동시에 동탄의 본사로 전보 발령을 받았다. 대한민국 굴지의 회사에 근무하다 승진까지 했으니 얼마나 대견스러울까! 하지만 거제는 부산에서 지척이라 아들 내외가 보고 싶으면 잠시 짬을 내어 볼 수 있었는데, 동탄으로 이사를 한지라 아들 내외를 보기 위해서는 별도로 시간을 내고 다소 큰마음을 먹어야 한다. 그렇게 날을 잡아 동탄의 아들 집에 다녀온 친구는 그간의 근황을 묻는 내 질문에 느닷

없이 성채 이야기를 꺼냈다. 이어지는 이야기는 놀랍다.

"아파트도, 아파트도 그렇게 많이 늘어선 것은 처음 보았어! 부산에서만 살아온 나는 정말 촌사람이더군. 그런데 다시 가고 싶지는 않아."

무슨 과장을 그렇게 하나 싶었다. 부산도 센텀이나 마린시티, 해운대 신시가지 혹은 연산동이나 거제동을 둘러보면 역시 아파트 공화국이다. 나이가 드니 우리가 호들갑이 심해진 것은 아닌지.

부산에서 아이들을 가르치면서도 서울로 갈 기회는 적지 않았다. 회의는 물론이거니와 학회 일 혹은 지인들을 만나기 위해서도 서울로 가야 한다. 급하면 비행기, 대부분은 KTX나 SRT를 이용한다. 김포공항이나 서울역 혹은 수서역에 내리면 곧장 지하철을 타고 목적지로 간다.

선배와의 급한 약속이 생긴 어느 토요일, 부랴부랴 비행기와 고속철도를 예약하려 했지만 전부 만석. 할 수 없이 해운대에서 출발하는 고속버스를 탔다. 오랜만의 고속버스 여행. 5시간 혹은 5시간 반. 한숨 자고 나니 어느새 고속버스는 수원에 가까워지고 있었다.

그런데,

그런데,

정말 그런데 고속버스가 동탄으로 접어드는 순간, 나는 놀란 표정을 감출 수 없었다. 친구의 말은 전혀 과장이 아니었다.

왕복 8차선이던 도로는 어느새 10차선으로 늘어나 있었고, 양옆으로는 물류센터, R&D 센터, 각종 기업과 산업단지 그리고 각양각색의 아파트가 열병식을 하고 있었다. 조금 그러다 말겠거니 했는데, 기흥과 수원을 지나 경부고속도로 서울 톨게이트가 나타날 때까지 이어지고 있었다. 그 열병식은 서울이라는 영주를 호위하는 중세 봉건시대 성채의 양상을 띠고 있었다.

버스가 출발한 부산 해운대(해운대도 만만치 않은 아파트 밀집 지역이다)와 해운대가 속한 부산 그리고 수도권 이남의 지역들이 오버랩되면서 탄식이 절로 나왔다.

"나는 5시간 전에 개발도상국을 떠나 지금 선진국으로 접어들고 있구나."

십여 년 전 부산의 언론계에 종사하던 내 친구는 《서울공화국은 안된다》라는 제목의 책을 내고 출판기념회를 열었다. 이 책을 두고 부산과 서울의 지인들이 보였던 반응은 사뭇 달랐다.

"서울과 수도권으로의 집중이 상당하다는 것은 알겠는데, 서울공화국이라는 표현은 너무 선정적인 거 아닌가?"

"새삼스럽게 와 이라노? 대한민국이 서울공화국이라는 걸 모르는 사람이 어디 있노?"

그로부터 다시 십 년. 그러니 내가 부산으로 내려온 지 이십 년.

서울과 부산의 내 지인들의 반응은 여전히 다르다.

“김 교수, 맞는 것 같다. 인정한다. 대한민국은 서울공화국이다.”

“머라하노? 그렇게 인정하면, 모든 것이 다 해결되나?”

아프면 서울로!

“나는 분당으로 갈 생각이야.”

부산에 연고가 없는 선배님 한 분은 은퇴 후 딸 아이가 거주하는 서울로 이사 갈 생각을 말하곤 했다. 서울에도 연고가 없기는 마찬가지지만, ‘그래도 딸 아이라도 있으니 그 옆으로 가고 싶으신가?’ 그렇게 생각했다. 하지만 정작 이유는 전혀 달랐다.

“분당에는 분당 서울대병원이 있잖아? 나이 들면 병원 옆에 살아야지”

세계 최고 병원. 말만 들어도 신뢰감이 듬뿍 간다. 미국 시사주간지 〈뉴스위크〉는 2022년 국가별로 병원을 평가해 그 결과를 발표했다. 평가 기준은 동료 추천(국내 50%, 해외 5%), 환자 경험(15%), 의료 핵심성과지표key performance indicators, KPI 등을 기반으로 가중치를 부여한 것인데, 이를 기준으로 총 2,200개 우수병원을 선정했다.[13]

〈표 13〉 2022년 세계 최고 병원에 선정된 한국 병원의 순위

순위	병원	지역
30	서울아산병원	서울
43	삼성서울병원	서울
55	서울대학교병원	서울
70	연세대학교 신촌세브란스병원	서울
87	가톨릭대학교 서울성모병원	서울
89	분당서울대학교병원	성남
121	아주대학교병원	수원
130	고려대학교 안암병원	서울
150~250	중앙대학교병원	서울
150~250	충남대학교병원	대전
150~250	이화여자대학교 의료원	서울
150~250	연세대학교 강남세브란스병원	서울
150~250	인하대학교병원	인천
150~250	강북삼성병원	서울
150~250	건국대학교병원	서울
150~250	가톨릭대학교 여의도성모병원	서울

자료: 〈뉴스위크〉가 선정한 세계 최고 병원 자료에서 인용

우리나라는 132곳이 우수병원으로 선정되었는데, 그중 상위 16개 병원이 〈표 13〉에 정리되어 있다. 서울아산병원이 97.8%로 1위였으며, 삼성서울병원 95.7%, 서울대병원 91.9%, 세브란스병원

13. 이런 사실은 〈청년의사〉에 보도된 〈뉴스위크〉의 기사를 재인용한 것임.

〈표 14〉 **대한민국 톱5 병원 요양급여 청구액 현황 (단위: 억원)**

병원	2016년	2017년	2018년	2019년	2020년
서울아산병원	10,571	10,570	13,458	13,636	14,383
신촌세브란스병원	7,998	8,348	10,302	11,154	11,295
삼성서울병원	7,315	7,842	9,845	10,877	11,382
서울대병원	6,778	6,680	8,392	8,793	8,713
서울성모병원	5,059	4,953	6,562	6,748	6,631

자료: 심평원 자료를 기반으로 한 〈메디컬타임즈〉 기사에서 인용

88.9%, 서울성모병원이 85.0%로 뒤를 이었다. 이어 분당서울대병원이 84.6%로 6위를 차지했고, 아주대병원 82.9%, 고대안암병원 81.4%, 중앙대병원 81.3% 순서로 되어있다.

이 표에서 명백하게 드러나는 사실이 있다. 대한민국 우수병원 상위 16곳이 충남대병원을 제외하면 모두 서울과 수도권에 위치하고 있다. 대한민국 제2의 도시 부산에 위치한 부산대병원은 상위에 있지 않다.

은퇴 후 서울이나 분당으로 이사하겠다는 선배의 생각은 매우 합리적이다. 건강만큼 중요한 것은 없으니까! 하지만 그 선배가 자신의 소망을 실현할 수 있는가는 전혀 별개의 문제다. 부산 아파트를 팔아 분당이나 서울로 가기가 쉽지 않기 때문이다. 비싼 서울 집값은 둘째로 치더라도, 팔려고 내놓은 부산 집을 보러오는 사람도 없다고 종종 푸념하기 때문이다.

대한민국에는 톱5 병원이 존재한다고 한다. 그 톱5 병원은 〈표 14〉에 제시된 다섯 개 병원을 나타낸다. 그런데 정말 사람들은 이 병원을 많이 이용할까? 그 사실은 이 병원들의 요양급여 청구액 현황을 통해 확인할 수 있다. 〈표 14〉에서 보는 바와 같이 이 상위 다섯 개 병원의 요양급여 청구액은 〈뉴스위크〉의 보도와 거의 일치한다. 신촌세브란스병원과 삼성서울병원의 순위가 지난 몇 년간 앞서거니 뒤서거니 했다는 사실을 제외하고.

좋은 병원은 입소문이 나서 사람들이 몰리고 그러면 요양급여 청구액도 증가하고 뒤이어 좋은 의사들도 더 몰리고, 그 결과 병원은 더 최고 병원을 향해 발전하게 된다.

지방 사람들은 가벼운 병은 근처 병원으로 가지만, 심각한 병이거나 복잡한 수술이 필요한 병이라면 서울로 갈 생각을 한다. 지방에 사는 것도 서러운데, 치료받으러 서울로 가기 위해서는 왕복 교통비는 물론 장기 치료의 경우에는 숙박비용까지, 그 비용이 만만치 않다. 드라마 〈슬기로운 의사생활〉에 이런 대사가 나온다.

"지방에서 진료받으러 올라오시는 분들을 위한 작은 쉼터라도 마련하는 것이 제 소망 중의 하나입니다."

드라마에서 이런 대사가 나올 정도라면, 이것은 상상의 영역이 아니다. 드라마라도 전혀 근거 없는 말을 할 수는 없지 않은가? 그런데 정말 지방에서 서울로 진료받으러 가는 사람들이 많을까? 심각한 병의 범주에는 각종의 암이 포함되니, 우선 지방에 사는 암 환자들, 그 진료 실태를 살펴보자.

> "3명 중 1명. 한국인의 기대수명인 83.5세까지 살 경우, 암을 경험할 비율이다. … 이렇게 누구나 겪을 가능성이 있는 질병이라면 어디에 살든 적절하게 치료받을 수 있어야 한다. 비수도권에서는 이런 믿음이 깨진 지 오래다. 환자들은 체력적 부담과 통원, 체류 비용을 감수하며 일단 서울과 경기도 일대의 대형 병원으로 향한다. 수도권 병원은 갈수록 대형화되고 지역병원은 환자감소로 인력과 시설 확충이 어려워지는 악순환이 이어진다."[14]

다 아는 사실이라고? 한 가지 사례만 더 추가한다. 부산에서 진료하는 의사들도 자신이 병에 걸려 수술을 받아야 할 경우, 자신이 근무하는 병원에서 수술을 받지 않고 서울로 간다. 그 이유를 물으면 말한다. "가까운 사람이 수술하는 것은 오히려 수술을 더 잘하지 못할 수도 있다." 틀린 말은 아니다. 조금 더 자세히 이야기를 나누면 금세 숨겨진 이유를 알 수 있다. "서울이니까."

지방 중에서도 아주 시골, 그러니까 산청이나 함양 혹은 속초[15]의 경우, 일반인은 꿈도 꾸지 못할 고액 연봉을 제시해도 필요한

---

14. 〈한겨레신문〉 2023년 2월 16일 기사 참조.

의료인력을 구하지 못하는 경우가 많다. 그 의료인력들은 말한다. 연봉이 문제가 아니라, 교육, 인프라, 문화 등 이주를 방해하는 요소가 한둘이 아니라고.

이 말을 들은 지방의 형님은 쓴소리를 내뱉는다.

"시골에 사는 무지렁뱅이는 병에 걸리면 그냥 죽으라는 소리여."

15. "강원도 속초 의료원은 최근 4억 원이 넘는 연봉을 제시하며 응급의학과 전문의 채용에 나섰다. 마감일은 2월 21일까지이지만 의사를 채용할 수 있을지 미지수다. 20일까지 지원자가 없기 때문이다." 〈조선일보〉 2023년 2월 21일 기사 중에서.

3
문화의 서울, 디테일의 서울

박물관과 원자력발전소

금동미륵보살반가사유좌상金銅彌勒菩薩半跏思惟坐像.

서울 용산의 국립박물관에 있는 대한민국의 대표적인 국보다. 어느 시대에 만들어졌는지, 일본 호오류사의 반가사유좌상과 어떻게 다른지 분석하는 것은 이 글의 목적이 아니다.

이 금동미륵보살반가사유좌상을 처음 본 것이 서울에서 대학을 다닐 때의 일이다. 당시 경복궁 안에 있던 국립박물관에서 이 좌상을 보고 난 뒤 조금 충격을 받았다. 거의 반나절 가까이 이 좌상 하나만을 보면서 시간을 보냈다. 이유는 단 하나다. '도대체 어떻게 하면 저런 미소를 지을 수 있을까?'

어지러운 세상을 살다 보면 그런 감동도 쉬 사라진다. 1년여 전, 팬데믹이 한참이던 시절. 용산의 국립박물관을 방문했다가 이 좌상을 다시 보았다. 정확히 말하면 좌상 두 개를 동시에 볼 수 있었다. 그것도 '사유의 방'이라는 이름이 붙은 별도의 공간에서. 이 사유의 방을 설계한 분과 그 안목에 경의를 표한다. 서울이나 수도권에 살면서도 이 사유의 방을 방문하지 않았다면, 그것은 인생의 반을 낭비한 것이다.

최근 국립박물관에서 '청자실'이라는 새로운 공간을 마련했다는 뉴스를 접했다. 다음 나의 서울 방문은 이 청자실을 방문하기 위함이다. 청자가 어느 정도의 미학적 가치를 가지는지 알지 못한다. 하지만 고려 시대에 만들어진 청자, 그중에서도 '청자투각칠보문향로青磁透刻七寶文香爐'를 보기 위해서라면 KTX나 비행기를 타고 서울로 가는 시간과 경비, 그리고 서울에서의 숙박비를 기꺼이 지불할 수 있다. 살아가면서 이 정도의 감동을 주는 기회를 얻기란 쉽지 않기 때문이다.

장황하게 이런 경험을 이야기하는 것은 현장감 때문이다. 좌상이나 청자 향로는 학교 수업시간이나 TV 프로그램, 책의 삽화를 보면서 수없이 봐 온 것이다. 하지만 실물을 두 눈으로 보면서 가슴으로, 머리로, 온몸으로 파고드는 그 감흥은 현장에 있지 않으면 알지 못한다. 서울과 수도권에 살고 있으면, 자신만 노력한다면, 이

귀한 보물들과 이 보물들이 자신에게 던지는 말과 감흥을 수없이 느낄 수 있다.

왜 이게 중요할까? 이런 체험이 한 사람의 인생과 인격의 형성에 중요하게 작용하기 때문이다. 누군가는 그렇게 생각하지 않을지 모른다. 하지만 그 미술품들의 가치를 아는 사람이라면, 그리고 인생이 한 번 살아볼 만한 가치가 있다는 것을 아는 사람이라면, 이 같은 나의 시각을 전혀 부정하지는 못할 것이다. 그래서 하는 말이다. 서울과 수도권에 사는 분들이여! 그런 면에서 당신들은 복을 받은 것이다.

좌상이나 청자를 보지 않더라도, 국립박물관을 방문하지 않더라도, 이 한반도에서 삶을 살아가는 데에는 전혀 문제가 없다. 매일 바다를 볼 수 있는 부산에서, 싱싱한 생선으로 마련한 회를 먹으면서, '돌아와요 부산항에'를 부르면서도 자족自足할 수 있다.

하지만 지방에 사는 우리 젊은이들, 지방에 사는 우리 대한민국 국민들은 왜 이런 문화적 경험을 위해 서울까지 먼 길을 가야만 하는 걸까? 한번 작정하고 서울을 방문하지 않으면 왜 이런 경험을 가슴에 새기지 못하는 걸까? 과문寡聞한 탓인지는 모르나, 외국인들에게 소개하기 위해 좌상이 바다를 건너간 적은 있으나, 지방 사람들이 이 보물들을 쉽게 보도록 남쪽으로 이동한 적은 없다.

서울에서 멀리 떨어진 지방에도 많은 박물관과 좋은 예술품들이 있다. 하지만 지방의 좋은 예술품들은 필요에 따라 기꺼이 서울로 올라가지만, 그 반대의 경우는 정말 희박하지 않은가.

"서울의 한강변에 원전을 지으라고 해!"

부산 인근에 위치한 고리 원자력발전소의 안전이 문제가 되어 시끄러울 때, 고리에서 생산한 전기를 수도권으로 이동하기 위한 송전탑 건설로 한창 시끄러울 때, 부산의 지인들은 술자리에서 이렇게 소리를 높이곤 했다.

"원전이 그렇게 안전하다며? 그러면 한강변에 건설하면 될 거 아냐. 그러면 송전탑 건설 비용을 절약할 수 있고, 송전탑 통과를 둘러싼 사회적 갈등도 없어질 것 아니야. 원전이 그렇게 안전하다면, 왜 수요처가 있는 서울이나 수도권에 건설하지 않고 부산 근처에 세계 최대 원자력 밀집 지역을 만들려고 하는 거야?"

부산 해운대에서 차로 한 시간 남짓 가면 바닷가에 건설된 고리 원자력발전소를 볼 수 있다. 부산으로 내려간 초기에는 그저 '그곳에 원자력발전소가 있구나, 안전하다고 하니 안전하겠지.' 하는 정도로 생각했다.

오래된 원자력발전소의 가동연장을 둘러싸고 갑론을박할 때, 고리 원자로 폐로 문제가 본격화되었을 때, 일본 후쿠시마의 원자력발전소가 지진으로 피해를 입어 심각한 상황일 때, 고리 옆 기장쪽 주민의 갑상선 암 발병률이 일반적인 상황보다 높다는 말이 알게 모르게 퍼져 나올 때, 부산의 주민들은 한 번쯤 이런 생각을 하지 않을 수 없다. 왜 서울과 수도권에 원자력발전소를 건설하면 안 될까? 안전하다며.

삼성의 이건희 회장이 별세하면서 많은 예술품을 국가에 기증한 적이 있다. 그 예술품들을 보기 위해서는 별도의 공간이 필요하고, 그 공간을 어디에 건립할지 한때 세간의 화제가 된 적이 있다. 부산을 비롯한 여러 지방 도시에서 김칫국을 많이 마셨다. 다 알고 있다. 서울에 그 공간을 마련하기로 한 것을. 서울은 서울이다. 어찌 지방에.

원자력 발전은 안전하다고 하지만(이 문제에 대한 본격적인 논의는 이 책의 주제가 아니다), 결코 서울과 수도권에 원자력발전소가 건설되지 않을 것이라는 사실을 우리는 알고 있다. 그래서 부산의 지인들은 쓴소리를 삼키며 웃는다. 지방은 지방이다. 어찌 서울에.

부산의 지인들은 한술 더 뜬다. 부산은 혼탁한 낙동강 물 때문에 식수 문제로 많은 고통을 겪고 있다. 안전한 수돗물이 되기 위해서는 취수원을 경상남도로 이전할 수밖에 없는데 지자체 간 협력과 소통이 매우 어렵다. 작게는 님비NIMBY, Not In My Back Yard, 크게는 생존을 위한 물 확보 때문이다.

지인들은 한마디씩 한다. 만약, 서울에 이런 문제가 있다면 어떻게 했을까? 중앙정부가 발 벗고 나서서 해결책을 모색했을 것이다. 왜? 서울은 서울이니까.

서울은 서울이고 지방은 지방이다. 그래서 서울에는 무언가 특별한 대우가 따라야 한다는 이런 인식, 이런 무의식의 공감대가 서울과 지방을 가르는 경제적 격차보다 더 무섭다.

애플 스토어와 블루보틀 커피

아 정말 멋있다.

10년도 더 된 옛날, 뉴욕을 방문했을 때, 무엇보다 먼저 둘러보고 싶었던 애플 스토어를 방문하고 내지른 탄성이다. 뉴욕 5번가 센트럴파크, 제너럴모터스 빌딩 앞 거리 지하에 자리 잡은 애플 스토어. 뉴욕에서 가장 큰 애플 스토어는 아니지만, 애플의 플래그십이다. 24시간 문을 여는, 유리로 된 출입구가 인상적인 곳이다. 그 출입구를 거쳐 나선형으로 된 계단을 내려가면 그 유명한 애플 스토어를 만나게 된다.

삼성과 경쟁하는 애플의 매장을 추켜세우려는 것이 아니다. 2007년 스티브 잡스가 아이폰을 출시한 뒤, 뉴욕사람들은 새로운 제품이 나올 때마다 먼저 사기 위해 이 애플 스토어 앞에 줄지어 기다렸다. 심지어는 그 전날부터. 애플 스토어는 단지 애플의 제품을 판매하는 장소가 아니라, 애플이 만드는 제품, 애플이라는 회사의 이미지, 문화적 분위기를 체험할 수 있는 장소다. 오죽했으면 삼성과 애플이 스마트폰 특허를 둘러싸고 한창 싸울 때, 애플은 애플 스토어마저 트레이드 드레스trade dress라는 이름으로 그 고유성을 확보하려 했을까. 애플 스토어의 분위기, 매장에서 경험하는 소비자들의 경험, 그 전시 방향이 자신들의 정체성이라는 것이다.

서두가 너무 길다. 이 애플 스토어는 애플이라는 회사가 자랑하는 아이콘이다. 거꾸로 말하면 이 애플 스토어가 들어선 국가 혹은 도시는 암묵적으로 애플이 상당한 비중을 두는 곳임을 의미한다. 그 비중이라고 해봐야 많이 팔아 이익을 많이 남기는 곳을 말하지만, 애플 제품이라면 죽고 못 사는 애플빠 혹은 애플덕후들에게 이 애플 스토어는 일종의 성지다. 삼성에게는 가슴 아픈 이야기다.

2018년 1월, 가로수길점
2021년 12월, 여의도점
2022년 4월, 명동점
2022년 9월, 잠실점
2023년 1월, 강남점

서울에 오픈한 애플 스토어다. 2023년 10월 현재, 총 5곳이 오픈했고 홍대에도 곧 오픈할 예정이다. 서울에는 총 6곳의 애플 스토어가 들어서게 되고, 그러면 5곳이 들어선 일본 도쿄보다 많아지게 된다.

하지만 일본의 애플 스토어는 도쿄뿐만 아니라 오사카, 나고야, 후쿠오카, 가와사키, 교토 등 전국 각지에 들어서 있다. 그러나 한국에는 오직 서울에만 있을 뿐이다. 애플 역시 대한민국이 수도 서울 위주의 국가라는 것을 충분히 알고 있다는 것인지….

기뻐해야 할 일인지 모르겠다. 애플은 2022년 12월 홈페이지에 부산에서 근무할 애플 솔루션 컨설턴트ASC: Apple Solution Consultant를 모집한다는 공고를 낸 바 있다. ASC는 애플 샵의 판매, 매장운영, 직원교육 등을 관리한다고 하니, 그러면 부산에도 드디어(?) 애플 스토어가 생기는 것인가.

블루보틀 카페(이하 블루보틀). 블루보틀은 2002년 제임스 프리먼이 설립한 미국의 스페셜 커피 전문 체인이다. 스타벅스가 커피의 질 대신 유통의 효율성과 고객에게 안락한 공간을 제공하는 전략을 추구한다면, 블루보틀은 오직 커피의 질과 맛에 신경을 쓴다. 재미있는 것은 〈뉴욕타임스〉의 다음과 같은 평가다. '스타벅스가 모든 기능을 다 갖춘 스마트폰을 만들려는 삼성전자라면, 블루보틀은 고객의 감성과 사용자 경험에 치중하는 애플과 같다.'

대한민국 국민의 커피 사랑은 유별나지 않은가. 심산유곡의 오지에도 들어서는 것이 커피를 파는 카페다. 블루보틀에 대한 한국 사람의 사랑도 보통이 아니다. 하기야 애플빠라면 블루보틀 역시 사족을 못 쓸지도 모른다.

질문 하나. 이 블루보틀 매장은 대한민국에 몇 군데나 있으며, 어디에 있을까? 답이 너무 쉽지 않은가? 서울에만 아홉 개 매장을 열었다. 2019년 5월 3일, 뚝섬역 1번 출구에 1호점을 오픈했을 때는 개점 직전에 무려 12,000명이 줄을 서서 기다리기도 했다. 아직 더 답을 해야 한다. 열 번째 매장은 어디에 들어섰을까? 대한민국 제2의 도시라는 부산이 아니라 제주도다. 2021년 8월 제주시에 열 번째 매장을 오픈했다.

애플 스토어와 블루보틀의 개점 소식이 보도된 이후 부산 사람들이 모이는 온라인공간에서 진행된 대화가 무척 재미있다.

'희소성이 있는 핫한 브랜드의 부산 패싱이 심해지고 있다'

'부산보다 인천에 먼저 생기지 않을까?'

'이마트에도 애플 스토어가 있는데 무슨 말을 하는 거지?'

애플 스토어와 블루보틀이 없다고 도시가 성장하지 않는 것은 아니고, 그 도시의 경쟁력이 없는 것도 아니다. 이마트에 있는 애플 매장과 애플 스토어를 구분하지 못한다고 해서 살아가는 데 지장이 있는 것도 아니다. 하지만 세상의 변화와 발전을 체감할 수 있는 핫하고 힙한 브랜드가 대한민국 제2의 도시 부산을 의도적이건 그렇지 않건 피해 가는 것은 사실이고, 부산보다 인천에 먼저 생길 가능성이 크다는 것은 경험에 의한 합리적인 추론이다.

사람이 빵으로만 사는 것이 아닌 것처럼, 사람이 항상 바다와 강 그리고 산만을 바라보고 사는 것은 아니다. 문화 혹은 문명이라면 너무 거창하지만 살아가면서 삶의 품격과 다양성을 높이는 데 이런 브랜드의 힘이 크게 작용하는 것 또한 사실이다.

쓸쓸한 것은 이런 대화의 마지막에 나온 누군가의 코멘트이다.

'서울에 다녀오면 느끼는 것은, 부산의 발전 속도가 2~3이라면 서울은 9~10을 넘어선다는 것이다. 비교하기도 그렇지만 몇 년 사

이에 그 격차가 점점 더 벌어지는 느낌이다.'

이제는 누구나 안다.

대한민국은 서울공화국이다.

악마는 디테일에 있다

젤리클 고양이를 만날 기회. 자유로우면서도 매혹적인 고양이들의 생동감 가득하고 은은한 달빛이 어우러지는 거대한 고양이들의 놀이터. 이 정도만 말해도 눈치 빠른 사람은 무엇을 의미하는지 알아차린다. 그렇다. 세계 4대 뮤지컬의 하나인 캣츠CATS다.

부산에서 만난 선배님의 이야기. 이 캣츠를 너무 좋아해 지난번 내한공연 당시, 대구 공연을 보러 부산에서 대구까지 먼 길을 마다하지 않았다고 한다. "좋았다"라는 일반적인 소감을 기대한 나에게 이 선배의 응답은 다소 의외였다.

"다시는 대구로 이런 뮤지컬을 보러 가지 않을 거야. 출연진은 서울과 같을지 모르나 배경을 그린 미술, 노래와 음악의 음향. 서울과는 다르고 기대 이하였어."

주관적인 느낌이기에 옳고 그름을 따질 생각은 없다. 서울과 대구의 공연장을 확인해 그 두 곳의 음향시설과 출연진, 음악을 담당한 오케스트라 혹은 악단의 실력과 경쟁력을 일일이 확인할 생각은 더더구나 없다. 고양이 그리자벨라가 부르는 '메모리'의 감동을 반감시킨 합리적인 이유를 찾아본들 무슨 소용이겠는가? 부산에서 이런 생각을 하는 사람들은 의외로 많다.

스태들러STAEDTLER. 독일산 문구 브랜드다. 언젠가 서울을 방문했을 때 광화문의 교보문고에서 '마스 루모그라프 점보Mars Lumograph jumbo' 연필을 산 적이 있다. 이 점보 연필은 보통의 연필보다 두 배 정도 더 크다. 당연히 가격도 비싸다. 책이나 논문을 읽으면서 메모를 하기에 이보다 편한 연필을 찾기 어려웠다. 손에 착 감기는 느낌이 아날로그 연필이 가지는 촉감을 여실히 전해주고 있었다.

한 자루 더 사고 싶었다. 서울의 교보문고에서 샀으니 부산에도 있을 줄 알았다. 센텀시티에 위치한 백화점 안의 교보문고를 방문하고 또 방문했으나 이 점보 연필은 없었다. 우리가 흔히 아는 작은 사이즈의 스태들러 연필만 발견할 수 있었다. 내가 원한 것은 'Made in Germany'라고 새겨져 있는 점보 연필이다. 부산에는 없다는 사실을 확인했을 때, 내가 취할 수 있는 선택은 두 가지였다. 점보 연필을 사는 것을 포기하거나, 서울을 방문할 때 시간을 내어 광화문 교보문고를 방문해 점보 연필을 사는 것. 나는 후자를 택했다.[16]

153 ID 광복光復. 무슨 외계 문서 같은 외양을 하고 있으나 이것

은 2021년 모나미사에서 그해 광복절을 기념하여 판매하기 시작한 필통이다. 광화문 교보문고에서 이 필통을 보고서는 망설이지 않고 구매했다. 김구 선생님의 '모든 것은 나 자신에게 달려있다'라는 말씀이 적힌 카드가 필통 안에 있었고, 아주 예쁜 153 볼펜이 야무지게 자리하고 있었다. 필통 대신 볼펜 에디션도 있다는 것을 나중에 알았으나 이 필통이 정말 마음에 들었다. 책을 읽고 글을 쓰는 것을 업으로 삼고 있는지라 볼펜과 연필을 담는 필통은 정말 의미 있는 것이다.

부산으로 내려와 이 필통을 하나 더 구입하고 싶었다. 교보문고에서 구입했으니 부산의 교보문고에서 구입할 수 있을 줄 알았다. 그러나 스태들러 연필의 경우와 조금도 다르지 않았다. 발견할 수 없었다. 역시 나에게 남은 선택지는 두 가지였다. 당연히 후자를 택했지만, 시간을 내어 서울 광화문 교보문고에 다시 들르니 한정판으로 제작된 이 필통은 없었다. 한정판이라 다 팔린 것인지, 시간이 지나 모나미에서 팔리지 않은 것을 회수한 것인지, 알 길은 없다.

---

16. 마스 루모그라프 점보 연필은 인터넷에서 구입할 수 있다. 그러니 서울과 지방의 차이는 없다고 주장할 수 있다. 하지만 온라인에서 살 수 있으니 오프라인 매장에 진열되는 것에 아무 의미가 없다고 주장하는 것은 하나의 견강부회일 수 있다. 온라인과 오프라인은 각각 다른 특성을 가진다.

뮤지컬, 점보 연필 그리고 필통. 보지 않더라도, 사지 않더라도 살아가는 일에는 아무런 지장이 없다. 기회가 닿으면 뮤지컬은 실황중계나 녹화중계를 보면 될 일이고, 점보 연필 대신 보통의 연필을 사용하면 될 것이고, 정 필통이 필요하다면 기념품 가게에 가서 모나미에서 만든 필통보다 더 예쁜 필통을 사면 된다.

문제는 다른 곳에 있다. 수도 서울과 대한민국 제2의 도시라는 부산에서 발견할 수 있는 그 디테일의 차이가 이런 뮤지컬이나 연필, 필통에만 그칠까? 사실 그 디테일의 차이는 의외로 광범위하고 심각하다.

서울에서 살 수 있는 명품은 부산에서도 살 수 있다. 맞다. 신세계나 롯데백화점에 가면 명품 가게에 들어가기 위해 길게 줄을 선 행렬을 볼 수 있다. 아, 아름다운 대한민국. 예컨대, 70만 원짜리 버버리 티셔츠도 부산에서 당연히 살 수 있다. 그리고 1~2만원 내외의 매우 저렴한 티셔츠도 부산에서 살 수 있다. 재래시장이나 지하철을 이용하기 위해 오가는 지하도 상가에는 이런 물건이 흔하다. 하지만 비싸지도 않고 싸지도 않으면서 명품 버금가는 품질을 가진 제품을 찾기는 쉽지 않다.

바로 이 점이 문제다. 다양성이 부족하다. 통계학을 전공하지 않더라도 정규분포를 그리면 양쪽에는 긴 꼬리가 달린다는 것을 안다. 그 긴 꼬리는 전체 면적에서 차지하는 비중은 얼마 되지 않더라도, 그 정규분포가 가지는 다양성을 시사한다.

의류, 식기, 가구 등 일상 소품. 경제학은 소비자의 선택 범위가 넓어질 때 그 소비자의 후생은 증가한다고 가르친다. 넓은 선택 범위는 다양성을 의미하고, 그래서 다양성은 중요하다. 다양성이 사라지고 획일성이 증가하면 세상을 보는 눈도 거기에 맞춰진다. 너무 단순화한 감이 없지 않지만, 좁은 선택 범위는 세상을 이해하는 좁은 시각으로 연결된다.

내 지인은 종종 주장한다.

"부산에서 이케아가 개장한 뒤로 내 삶의 만족도는 높아졌다."

그리고는 말한다.

"부산의 코스트코와 서울의 코스트코는 물건의 구색과 종류가 달라."

서두에서 말한 대로 선택 범위가 좁다고 사는 데 큰 지장이 있는 것은 아니다. 하지만 넓은 선택 범위가 보장된 서울, 다양하게 사물을 경험할 수 있는 서울에서 내 아이들을 키우고 싶다. 우물 바깥의 세상이 존재함을 알고 있는데, 구태여 우물 안 개구리처럼 유유자적하기는 싫다. 사람은 빵으로만 사는 것이 아니다. 지방 사람이라고 예외는 아니다.

4
아! 서울

대견함, 자부심 그리고 신경질

"Quite good!"

"참 잘한다!" 정도의 뜻을 가진 영어다. 하지만 그 날 내 귀에는 전혀 다르게 들렸다.

30년이 다 되어가는 오래된 옛날. 미국 유학 시절에 힘겨운 학기를 보내고 여름방학을 맞아 집에서 휴식을 취하면서 테니스 중계방송을 본 적이 있다. 윔블던이었던 것으로 기억하는데, 해설자들이 누구였는지는 전혀 기억나지 않는다. 존 매켄로였던가? 아무튼, 꽤 유명한 사람이었다. 그 해설자들이 그 윔블던에 출전한 아시아 선수에게 이렇게 말했다.

"Quite good!"

참 잘한다고 새겨들어야 할 그 말이 나에게는 참 대견하다는 뜻으로 받아들여졌다. 단어 하나를 두고 하는 말이 아니다. 해설자 두 사람은 윔블던에 출전한 미국 선수들의 경기력을 보면서는 좀 더 실력을 닦아 노력해야 한다는 어조로 말하면서, 그 미국 선수들보다 못한 아시아 선수에 대해서는 "Quite good!"이라고 말하니, 이 말이 어찌 참 잘한다고 받아들여질 수 있겠는가?

윔블던은 미국, 유럽, 호주 등 서양 선진국의 스포츠다. 지금은 흑인, 라틴계, 아시아 사람들도 많이 참여하지만 당시만 해도 그렇지 않았다. 자기들이 주류인 스포츠에 저 아시아 오지의 변방에서 기를 쓰고 테니스를 배워 윔블던에 출전했으니 얼마나 대견했겠는가? 실력은 3라운드에도 진출하지 못할 정도였지만, 그 오지에서 우리들만 아는 스포츠를 배워, 우리와 겨루려고 영국 런던에까지 오다니 얼마나 대견스러운가? 기우뚱거리고 비틀거리지만, 갓난 아기의 걸음마 마냥 사랑스럽지 않았겠는가?

테니스의 주류에서 변방인 아시아를 바라보는 그 시각. 그 시각이 지금 서울과 수도권이 지방을 바라보는 태도와 무엇이 다를까? 근본적인 태도는 같다. 우리는 주류이고 메인이지만, 너희는 평생 우리를 따라와야 한다는 일면 자부심, 일면 오만. 세계사를 돌이켜 보면 그런 자부심과 오만을 전적으로 부정하기는 어렵다. 그들에게 아메리카 대륙은 신대륙이었고, 그들이 하는 항해는 대항해였고, 그들이 만든 기준은 글로벌 스탠다드였다.

한국은 그 주류를 향해, 글로벌 스탠다드를 향해 부단히 노력했다. 70년대와 80년대는 대한민국이 경제성장을 위해 집중하던 시대였다. 그 결과는 무엇인가?'서울과 수도권은 세계와 경쟁하는 글로벌 스탠다드를 받아들여 나날이 발전하였고, 세계는 서울과 수도권으로 대표되는 대한민국을 더이상 대견하다고 생각하지 않게 되었다. 세계 10위 권의 경제 대국을 두고 대견하다고 말하는 것은 너무 우습지 않은가?

미워하면서 닮는다고 했던가? 서울과 수도권은 서구가 아시아를 바라보던 그 대견하다는 원초적 감정을 지방을 향해 돌리는 듯하다. 하지만 살짝 비틀어 말한다. '뒤처진 지방이 발전하려고 애쓰는 것은 참 대견스러운 일인데, 왜 그 발전을 서울과 수도권의 파이를 가져가는 방향으로 달성하려 하는가?' 서울과 지방은 같은 공동체인데, 서구가 아시아의 변방을 바라보는 대견하다는 그 감정을 지우려 함께 노력했는데, 지금 이 상황은 무엇일까? "서울과 수도권보다 낙후된 데에는 지방의 잘못도 없지 않은데, 이제 우리보고 무엇을 어쩌라는 말이냐?"라는 다소 이기적인 신경질.

산업은행의 부산 이전이 발표되었을 때, 이동걸 당시 산업은행 총재의 반응이 가장 대표적이다. "산업은행은 정책금융기관이지

정치금융기관이 아니다. 산업은행은 기업과 긴밀히 소통해야 하는데, 단순히 지역균형개발이라는 명목 아래 이전한다면 국가발전에 도움이 되지 않을뿐더러 오히려 뼈아픈 손실을 초래할 것"이라고 말했다. 자신이 속한 조직의 이해를 대변하려는 그의 노력을 이해하지 못하는 바 아니지만, 용납하기 어렵다. 스러져가는 지방의 현실을 조금이라도 이해하는 마음이 있다면, 이런 반응은 나오지 않았을 것이다.

서울에 가서 지방의 열악한 사정을 설명하고 국가균형발전의 필요성을 역설하면, 지인들의 반응이 그리 긍정적이지 않다. '지방이 스스로 발전할 생각은 하지 않고, 자꾸 서울과 수도권 탓만 해서는 안 되지 않느냐고'

하나만 더 말하자. 테니스의 경우에는 변방을 바라보는 시각에 다소의 귀여움이 섞여 있다면, 서울에서 지방이라는 변방을 바라보는 시각에는 귀여움보다는 하대하는 심정이 섞여 있다. 지나친 억측일까? 〈경향신문〉이 지방과 서울의 격차를 '또 하나의 분단'이라고 묘사한 것이 이런 상황을 다소 중립적으로 표현한 것이라면, '지방은 서울의 식민지'라는 강준만 교수의 표현은 이 상황을 직설적으로 나타낸 것이다. 분단과 식민지라니, 이런 표현을 함부로 쓸 일은 아니다.

대한민국이 어찌 이렇게 변해버렸을까? 이렇게 변해버린 자화

상은 청년들에게서 가장 쉽게 발견할 수 있다. 청년들은 자조적으로 말한다. 금수저, 은수저와 함께 또 하나의 수저가 있다고. 바로 서울 수저다. 서울에서 태어난 아이들은 취업하고 나서도 자기 집에서 생활하며 부지런히 돈을 모을 수 있는데, 지방에서 서울로 상경한 아이들은 저축은커녕 오르는 집세를 감당하느라 허리가 휠 지경이다. 이 아이들은 자조적으로 말한다. '지방러'라고.

서울 수저와 지방러. 이 격차. 마음 아프다. 이 격차보다 더 무서운 것은 이런 격차를 바라보는 그 무의식적인 태도다.

대견함, 자부심 그리고 신경질.

왜 서울을 떠나지 못하는가

탈서울 지망생.

20년도 더 오랜 옛날, 나 역시 탈서울 지망생이었다. 서울에서의 일상적 경험은 그리 살갑게 다가오지 않았다. 직장 때문에 늘 강북에서 살았기에 지하철을 타고 시내 특히 강남을 한 번 다녀오면 온몸의 힘이 빠지는 것을 경험하곤 했다. 지하철역의 무어라 표현할 수 없는 씁쓰름한 공기, 지하철 안의 미어터지는 사람들, 초록색 한 번 제대로 보지 못하는 창밖 풍경, 기침과 목 아픔으로 반응하는 내 기관지, 아! 이대로 살다가는 내 수명을 제대로 누리지 못할 지 모른다는 자조에 빠지곤 했다.

서울을 떠나고 싶다. 주변의 지인을 만나면 입버릇처럼 말하곤 했다. 서울을 떠나는 것이 무슨 트렌드처럼 힙하게 느껴지곤 했다. 인간답게 살고 싶다는, 무슨 말인지도 제대로 알지 못하면서, 푸념 아닌 푸념.

그렇게 서울을 떠나온 지 20여 년. 아, 그때 그 시절로 다시 돌아가면 다른 결정을 내릴지 모른다. 아니 그럴 것 같다. 〈재벌 집 막내아들〉의 송중기처럼 지난 20년의 기억을 가지고 다시 그때로 돌아간다면 분명 다른 결정을 내리리라.

사람의 기억은 과거의 좋은 기억만을 선별적으로 강화한다지만, 대한민국 어디서도 심지어 대한민국 제2의 도시라는 부산에서도 서울 같은 인프라, 서울 같은 문화적 분위기, 서울 같은 기회를 찾을 수 없다. 무엇이든지 '서울만큼'만 되어있다면 서울을 떠나 지방으로 가지 않을 이유가 없다. 하지만 현실은 그렇지 않고, 그 사실은 20년 전이나 지금이나 다르지 않다. 부산에서 서울로 떠난 한 젊은이의 푸념은 이런 사실을 역설적으로 보여준다.

> "부산에선 실패할 기회조차 없더라고요. 근데, 여기서는(서울에서는) 뭐든 하고 싶으면 다 할 수 있었어요."[17]

하지만 지방러이고 서울 수저가 아니기에, 그리고 부산에서 새로운 기회를 찾고 싶어 이 젊은이는 다시 부산으로 온다. 서울에서 수많은 기회를 경험하고, 당연하게 받아들였던 그 많은 인프라가 없는 부산에서 생활하게 된 이 젊은이는 만족할 수 있을까? 꿈을 이루려 부산으로 간다지만, 그 꿈이 부산에서 이루어진들 그것은 '서울로 가지 못한 애들'의 서글픈 자기만족에 지나지 않을까? 흥분하거나 마음 상할 필요 없다. 최소한 대한민국이 움직여가는 큰 흐름에서 지켜본다면, 전혀 틀린 말은 아니기 때문이다.

서울을 떠나려는 기회를 찾고 있는 지방 출신 젊은이들. 지치고 지쳐 고향인 지방에서 쉬고 싶은 젊은이들. 지하방, 월세방, 고시방을 전전하며 더 나은 생활을 꿈꾸다 지쳐가는 젊은이들. 그런 젊은이들에게 감히 말하고 싶다.

"어떻게든 서울에서 버텨라."

지방소멸이 없어야 한다고 외치는 저자가 젊은이들에게 서울에서 버티라고 말하는 것은 모순되게 보일 수 있다. 지방으로 내려와 지방을 발전시키라고 말해야 하는 것 아니냐고 비판할 수 있다.

지방을 발전시켜야 한다는 것은 대한민국 전체의 차원에서 본 사회적 합리성이고, 그 와중에 기회를 잡지 못하는 젊은이들에게

---

17. 김미향, 《탈서울 지망생입니다》, 한겨레출판, 2022년 4월. p.181 재인용.

서울에서 버텨야 한다고 말하는 것은 개인적 합리성이다. 사회적 합리성의 세계를 국가가, 정부가, 이 사회가 마련해 주지 못하는데, 왜 개인에게 사회적 합리성을 강요하는가? 서울과 수도권에서 더 나은 삶, 경험, 꿈의 실현이 가능한데, 왜 지방 출신이라는 이유로 지방에서 직장을 구하고 지방을 지키고 개발해야 한다는 중압감 가득한 요구를 하는가? 해결책은 이 사회적 합리성과 개인적 합리성이 일치하는 세상을 만들어나가야 한다는 것이다. 누가? 누가 만들어야 하는가?

거듭 말하지만, 서울에서 태어나는 것은 한 사람의 인생, 특히 젊은이에게는 큰 특혜다. 과거에 사람의 계층 혹은 계급을 결정하는 것이 '자신이 언제 태어나고, 누구의 아들딸로 태어나는 것'이었다면, 지금은 그와 함께 '어디서 태어나느냐'도 중요한 요인이 되고 말았다.

3부

부산 : 노인과 바다

"전혀 없습니다."
부산에 미래가 있습니까? 라는 질문에 이분의 답은 지나치게 단호했다. 나름대로 부산의 발전을 위해 애써오신 분이라 부산의 미래에 관한 어떤 실마리라도 얻을 수 있지 않을까 했던 기대와 생각이 산산이 부서졌다.
부산의 미래를 낙관하는 전문가의 코멘트 하나라도 얻을 수 있다면, 대한민국 제2의 도시로서의 최소한의 자부심은 유지하지 않을까 하는 기대를 하고 있었는데, '전혀'라는 구절을 힘주어 강조하니, 그 앞에서 추가적인 질문을 할 용기도, 그럴 마음도 생기지 않았다.
그런 전문가의 코멘트에 기대지 않아도 좋다. 대한민국의 하와이, 대한민국의 플로리다를 외치는 분들에게 심정적으로 동조하고 싶다. 우습지만 한 마디를 더한다.
힘내라, 부산!

1
부산, 그 환상과 실제

"올 때마다 느끼는 건데, 부산은 왜 교통 체증이 많을까? 도시가 왜 이렇게 초라할까?"

2020년 당시의 여당인 더불어민주당 이해찬 대표가 부산을 방문해서 한 말이다. 당시 야당들은 이 말의 맥락은 고려하지 않고, '초라하다'라는 표현을 두고 매우 강하게 공격을 했다.

> "이 대표의 발언은 대통령과 지방의회, 지방행정 권력까지 민주당이 장악하고 있는 상황에서 상식적으로 이해할 수 없는 망언이다."(미래통합당)
> "이 대표가 지역 폄하로 여겨질 수 있는 발언을 했다. 지역 주민들에게 상처가 될 수 있는 경솔한 발언이다."(정의당)

이해찬 대표의 말은 경부선 철도가 부산의 발전을 막고 있다는 사실을 강조하기 위한 맥락에서 한 말이다. 그러니 그로서는 조금 억울할 만하다. 하지만 그의 경솔함을, 그의 부산에 대한 평가를 방어하고 싶은 생각은 조금도 없다. 그렇다고 야당들의 좌충우돌하는 공격에 동조할 생각 역시 없다. 왜 그럴까? 서울에서 20년을 살다가 다시 부산에서 20년을 살고 보니 부산은 '서울과 비교하면' 초라하다는 것이 가슴으로 다가오기 때문이다. 초라한 것은 무엇일까? 국어사전에서는 이렇게 정의하고 있다.

'보잘것없고 변변하지 못하다'

부산은 보잘것없다. 이렇게 말하면 당연히 부산에 거주하는 분들의 반론이 따른다. 하지만 부산은 보잘것없다. 부산이 도시 발전의 아이콘으로 내세우는 센텀시티와 마린시티를 서울의 중심부인 강남, 그것도 아니라면 인천 송도신도시, 그것도 모자란다면 세종시와 비교해보라.

고층건물의 높이로만 본다면 부산의 센텀시티와 마린시티를 자랑하는 것도 충분히 이해할 수 있지만, 고층건물의 높이 혹은 숫자가 그 지역의 경쟁력을 대변하지는 않는다. 백번 양보해서 그런 점이 있다 하더라도, 센텀시티와 마린시티라는 그 좁은 지역이 부산의 경쟁력을 대변하는 것은 아니다.

정말 묻고 싶다. 부산의 센텀시티와 마린시티가 서울 강남과 같은 세계적인 경쟁력을 가지는가? 인천 송도 신도시와 같은 미래지향적 경쟁력을 가지는가? 세종시와 같은 수도권과 유사한 행정 경쟁력을 가지는가?

왜 이런 경쟁력을 가져야 하는가? 이런 경쟁력을 가지지 못한다면 부산을 대표하는 센텀시티와 마린시티는 하나의 신기루에 불과하기 때문이다. 그러니 "부산은 공기 좋고, 회를 비롯한 먹거리가 맛있고, 어디서든 바다를 볼 수 있고, 아파트값이 저렴하니 정말 살기 좋아." 하는 말로 우격다짐하지는 말기 바란다. 뒤에서 자세히 말하겠지만, 이렇게 생각할 수 있는 사람들은 대학진학을 앞둔 자녀를 가지고 있지 않거나, 부산에서 대학 졸업을 앞두고 취업을 고민하는 자녀를 가지고 있지 않거나, 부산의 중소기업 직장에서 미래를 걱정하는 30~40대 사람들이 아니다.

부산은 변변하지 못하다. 이렇게 말하면 당연히 부산에 거주하는 분들의 반론이 따른다. 하나하나 따져보자.

서울과 인천 송도신도시 그리고 세종에 있는 것 중에 부산에 없는 것은 무엇일까? 수도권에 위치하기 때문에 당연한 사항들은 제외하자. 서울의 강남까지 걸리는 시간, 중앙부서 공무원의 수, 혹은 인천공항까지의 거리 등등.

개략적으로 말하면 서울 등 수도권에 있는 하드웨어 중에서 부산에 없는 것은 거의 없다. 오히려 고층건물이 즐비하고, 조금만 차를 타고 나가면 바다를 볼 수 있고, 산과 강과 바다가 어우르는 그 기막힌 광경은 오히려 부산이 나을 수도 있다.

하지만 부산은 변변하지 못하다. 제품이나 서비스의 마지막 섬세함, 건물이나 환경의 소비자 친화성, 무엇보다 무엇을 목표로 하는가 하는 마인드에 있어서 부산은 변변하지 못하다. 그런 미비함 혹은 변변치 못함이 도시 전체에 만연해 있다.

지하주차장이 있는 부산의 큰 빌딩이나 상점을 갈 때면, 많은 경우 실망을 금치 못한다. 지하주차장을 왜 이리 설계했을까? 차가 들어가고 나오는 공간을 분리하지 않고, 왜 하나로 설계했을까? 그래서 빌딩 지하로 내려갈 때마다 긴장하기 일쑤다. 올라오는 차와 부딪히지 않을까 하고. 또 있다. 지하로 진입하는 진입로의 경사가 지나치게 가팔라 차 앞부분이 바닥과 부딪히는 일이 자주 발생한다. 혹은 지하로 진입하자마자 좌회전 혹은 우회전을 요구하는 일이 많아 당황하는 일이 많다. 지하주차장의 규모와 진입방식은, 역설적으로 그 빌딩의 경쟁력 혹은 빌딩의 미래를 좌우하는 가장 큰 요소다. 큰돈을 들여 건물을 지으면서, 중요한 주차장을 왜 그렇게 설계할까? 하드웨어보다 소프트웨어가 더 중요하다는 마인드가 부족한 것은 아닐까?

지금이야 많이 개선되었지만, 해운대에 위치한 5성급 호텔에 점심 뷔페를 먹으러 가면, 그것이 1부이건 2부이건, 시간이 촉박하면 서둘러 일어서려고 한다. 호텔의 영업을 위해 주말에 1부와 2부로 나누어 손님을 받는 것은 충분히 이해한다. 하지만 2부 영업을 위해 1부 식사를 하는 손님들에게 가끔 이해할 수 없는 행동을 하는 것은 이해할 수 없다. 2부 영업 준비를 위해서는 시간이 필요하고, 그러니 늦게까지 자리에 앉아있는 손님들에게 시간이 다 되었다고 알리는 것도 이해한다. 그러나 시간이 다 되었다고 양해를 구하고 조심스럽게 알리는 것과 잡상인 내쫓듯이 내모는 것은 다르다. 거듭 말하지만 지금은 많이 개선되었다. 하지만 내 일행에게 2부 영업을 위해 빨리 나가라고 거칠게 퉁명스럽게 말하던 그 5성급 호텔 종업원의 태도를 나는 아직 잊지 못한다. 오죽했으면 그 호텔 지배인에게 편지까지 보냈을까? 서비스 마인드, 서비스의 섬세함, 고객에 대한 배려에 있어서 아직 약하다.

보잘것없고, 변변하지 못함. 부산의 여기저기를 다니면서 이런 감정을 느낀다. 서면은 서울로 치면 종로와 홍대앞, 신촌을 합친 듯한 지역이다. 개천을 복개해 차량 통행도 원활하고, 광화문 교보문고에는 미치지 못하지만 제법 큰 서점도 있고, 홍대 앞보다는 못하지만 학생과 직장인이 좋아할 만한 상점과 주점도 꽤 있다. 백화점도 있다. 그런데, 그런 거리를 거닐면서 나는 이상한 소외감과 불편함을 느낀다. 이게 아닌데, 왜 이 정도밖에 안 될까? 이 2% 부족한 것은 무엇일까?

미안하다. 이런 감정을 누군가는 이렇게 말한다. 줄줄 흐르는 촌티. 부산국제영화제의 시발지인 남포동을 가거나, 6차선, 8차선 도로가 쭉쭉 뻗어있는 거제동의 시가지를 거닐면서도 목덜미가 쭈뼛거리는 이상한 감정을 감추지 못한다. 무엇 때문일까? 미안하다. 이런 감정을 누군가는 이렇게 말하곤 했다. 중남미 2류 도시의 감성.

이해찬 대표와는 다른 의미에서 나는 부산이 초라하다고 생각한다. 나의 고향, 초라한 부산. 슬픈 부산. 아니라고 떼를 써도 지워지지 않는 벗어날 수 없는 나의 초라한 고향 부산. 하지만 이것은 부산만의 문제가 아니다. 수도권을 제외한 대한민국 전 지역의 공통적인 문제다. 부산이 이 정도인데 다른 도시는 오죽하랴?

아, 이해찬 대표의 "부산은 왜 교통 체증이 많을까?"라는 말에는 틀린 곳이 있다. 교통 체증이란 무엇을 말할까? 출퇴근 시간에 한 시간에서 한 시간 반 정도 살짝 지체되는 교통의 흐름을 교통 체증이 많다고 할 수 있을까? 하기야 부산대 장전동 연구실에서 해운대 집으로 가기 위해서는 학교를 떠나는 시간이 오후 5시 이전이 되어야 한다. 오후 5시를 넘으면 평소보다 시간이 더 걸리기 때문이다. 5시 전후해서 길어야 두 시간 정도, 차는 요충지에서 살짝 흐름이 지체된다. 그러나 오후 7시 반이 지나면 고속도로처럼 주행할 수 있다.

부산에 내려온 지 얼마 되지 않았을 때 나는 다음과 같은 내용의 칼럼을 쓴 적이 있다.

> "차라리, 부산도 서울 강남처럼 만성적인 교통 체증이 발생하면 좋겠다. 역설적으로 그런 만성적 교통 체증은 도시 발전을 나타내는 척도가 되기 때문이다."

부산에는 서울의 강남대로나 강변도로처럼 차라리 걸어가는 것이 빠르다고 느낄 정도의 교통 체증은 없다. 출퇴근 시간, 지역에 따라 길지 않은 시간 동안 차량의 흐름이 지체될 따름이다.

2
아름다운 야누스의 도시

부산을 방문한 지인들과 부산을 돌아볼 때마다 반드시 듣는 말이 있다. 그 하나는 "와, 멋있다. 끝내주는구먼."이고, 또 다른 하나는 "뭐 이런 시골 도시가 다 있나?" 하는 것이다.

첫 번째 감탄사는 미포에서 광안대로와 오륙도, 태종대를 지나는 유람선 상에서 어김없이 하는 말이고, 두 번째의 탄식은 부산의 곳곳을 둘러보면서 자연스레 쏟아내는 말이다. 천혜의 자연환경과 여건을 가진 부산이지만, 경제적 현실은 열악하기 짝이 없다. 야누스의 도시. 그게 부산의 현재 모습이다.

야누스의 도시 1

서울에서 가장 아름다운 경치를 볼 수 있는 장소를 꼽으라면 어디를 거론할 수 있을까? 63빌딩 스카이라운지, 남산 타워 전망대, 잠실 시그니엘 타워 전망대. 이게 모두 인공적인 장소라면 북악산이나 남산 정상? 아니면 창덕궁 후원과 종묘?

어느 장소를 선택하건 볼 수 있는 것은 수풀, 산 그리고 강의 정경이다. 그러니 서울에서 볼 수 있는 아름다운 경치를 꼽으라면 한강과 북한산 혹은 남산이 그 배경이 될 수밖에 없다. 그만큼 가치를 인정받고 있다.

서울의 이런 자연 풍경은 부산과 비교가 되지 않는다. 아이들 말을 빌리자면 게임이 안 된다. 믿어지지 않는 분이라면 한 번만 부산에 내려와 달맞이언덕에 가보시라. 달맞이언덕을 오르기 전, 나지막한 카페 건물의 간이 주차장에 잠시 차를 멈춘 뒤 그냥 고개를 오른쪽으로 살짝 돌리기만 하면 된다. 무엇이 보이는지 아는가? 산, 바다, 해변, 섬, 다리, 등대. 바다를 끼고 있는 도시 중 브라질의 리우데자네이루를 제외하고선 이 풍경을 뛰어넘지 못한다. 서울에서 내려온 지인은 이 풍경을 보고 충격을 받았다. 뭐 그럴 수도 있지. 각각의 도시마다 아름다운 곳이 한두 군데는 있잖아? 맞는 말이다. 하지만 부산은 한두 군데가 아니고 여러 군데도 아니다. 수없이 많다.

2003년 부산에 내려와 지인의 안내로 광안리 바닷가를 간 적이 있다. 그 지인은 무심히 말했을 것이다. 그냥 고개를 오른쪽으로 돌려 다리를 한번 보라고. 고개를 돌린 내 눈에 들어온 광안대교는 "아하" 하는 탄성을 지르기에 충분했다. 어쩌면 저토록 아름다운 다리를 해변에서 볼 수 있는가? 샌프란시스코의 금문교가 아름답다지만, 금문교를 광안대교처럼 보기 위해서는 배를 타고 바다로 한참이나 나가야 한다. 광안리에서는 그저 가던 길을 멈추고 고개를 돌리기만 하면 된다.

해운대 안쪽에 미포라는 곳이 있다. 해운대 해변을 지나 달맞이 언덕을 오르기 전 살짝 오른쪽으로 내려가면 프랑스 영화에나 나올 법한 광경 하나가 눈으로 들어온다. 이국적인 가로등, 바닷가로 이어진 길, 그 바다 멀리 대여섯 개의 작은 섬. 해 질 무렵에 이 길을 가면 한참이나 서 있게 된다. 이 무슨 행운인지. 그러니 이런 풍경이 〈해운대〉라는 제목을 단 영화에서 어찌 빠질 수 있겠는가.

더이상 언급하는 것은 부질없는 일이다. 해운대, 이기대, 영도, 송도, 청사포, 송정, 다대포, 기장. 바다와 산, 호수를 끼고 있는 부산은 정말 아름답다. 내 고향이지만 이렇게 아름다운 줄 몰랐다. 1975년 서울로 가기 전, 입시란 입시는 몽땅 겪느라 해운대와 바닷가는 여름철에 한 번 가면 많이 가는 그런 시절을 살았다. 아름다움을 느낄 겨를이 없었다. 그러다가 28년 만에 다시 고향으로 내려와 열린 눈으로 부산을 보니, 버선발로 뛰어 내려가 보듬어 안고 싶을 정도로 아름다웠다. 부산의 아름다움이 가슴에 들어왔다. 하지만 여기까지다.

야누스의 도시 2

"아니 뭐 이런 도시가 다 있어요?"

서울서 태어나 자란 내 지인이 부산의 관문인 김해공항에서 출발해 해운대에 도착한 뒤 처음 내뱉은 말이다. 정말 놀랐다고 한다. 김해공항에서 해운대로 오기 위해서는 부산의 서쪽을 가로지르는 고가도로를 타고 올 수밖에 없는데, 그 고가도로의 지저분함과 낡음은 별도로 하더라도, 양옆으로 펼쳐진 풍경은 차마 말할 수 없을 지경이라고 했다. 산허리까지 더덕더덕 붙은 판잣집과도 비슷한 집들, 볼품없이 산허리를 가로지르는 아파트 군상들. 조화와 균형이라고는 찾아볼 수 없다고 했다.

이뿐 아니다. 서울로 치면 종로나 신촌쯤 되는 서면은 한창 개발 중인 동남아의 도시 풍경을 연상시킨다고 했다. 그러더니 결정적한 마디를 내뱉는다.

"부산, 한국 제2의 도시 맞아요?"

외형적으로 부산은 한국 제2의 도시가 맞다. 아직까지는. 인구가 줄고 있기는 하지만 여전히 서울 다음으로 많고, 항구나 물동량 등 다른 기준으로 따져보아도 한국 제2의 도시가 맞다. 하지만 단서 하나를 달아야 한다. '제1의 도시에 엄청나게 뒤처진, 그리고 조만

간 제3 혹은 제4의 도시로 떨어질'

도시 고가도로를 보고 실망에 가득 찬 내 지인들은 황령터널을 지나 센텀시티와 마린시티를 보면서는 태도가 180도로 변한다. "세상에 여기는 홍콩이구먼." 외형적으로만 보면 맞는 말이다. 전국에서 거주 시설로는 가장 높은 아파트가 마린시티에 있고, 40층, 50층은 우습게 아는 고층 아파트가 즐비하기 때문이다. 영화의전당, 세계에서 제일 크다는 신세계백화점, 서울 코엑스에 버금가는 벡스코가 떡하니 자리 잡고 있기 때문이다. 동백섬에서 마린시티의 야경을 보고서는, 그 야경이 해운대와 접해있다는 사실을 알고서는 '생활의 질과 즐거움'을 찬탄해 마지않는다.

해운대에 한 달 살기를 하는 것은 즐거운 일이다. 그러나 한 달 살기가 아니라 부산에서 직장을 가지고 살게 될 경우, 1년쯤 시간이 지나면 소위 '현타'가 오게 된다.

나는 라스베이거스라는 도시를 좋아하지 않는다. 화려한 호텔이 즐비한 메인스트리트를 한두 블럭만 벗어나면 사막처럼 황폐한 풍경이 길게 이어지기 때문이다. 부산의 마린시티, 센텀시티는 라스베이거스의 메인스트리트 같은 곳이다. 여기서 지내는 동안에는 바깥의 누추함을 잊을 수 있을지 모르나, 한 달 살기가 아니라면 언젠가는 현타를 맞을 수밖에 없다. 현타라니? 누추하게 말을 하지 말고 간략히 줄인다.

끝없이 줄어드는 인구

늘어나는 고령층 인구

나날이 증가하는 젊은이들의 수도권으로의 이탈

주력산업의 붕괴와 신성장산업의 부재

지역에서 생산하는 GRDP의 감소

지하철, 도시 교통망 등 열악한 도시 인프라

서울을 포함한 수도권과는 비교가 되지 않는 문화시설

개방적이라고 하지만 글로벌 스탠다드와는 거리가 먼 문화

3

부산에서의 삶

투자는 서울, 실거주는 부산

살기 좋은 부산.

부산의 많은 사람들은 부산에서 사는 데에 일종의 자부심을 느낀다. 가장 중요한 것은 서울과 비교해서 살기 좋다는 것이다. 그분들은 말한다.

“서울은 사람 살 곳이 못 된다. 차 막히고, 공기 나쁘고, 사람들로 미어터지고 정말 삭막하다.”

“부산은 교통 체증이 심하지 않아서 좋다. 부산 중심부에서 한 시간 이내로 갈 수 있는 주변 골프장이 열 곳이 넘는다. 산악자전거를 탈 수 있는 산도 수두룩하다. 게다가 바다가 있지 않은가? 최고의 삶의 질이다."

"날씨 따뜻하고 바다 가깝고 자연 좋고 음식도 최고다."

부산시가 실시한 '2021년 부산 사회 조사'에서도 '부산에 계속 살고 싶다'를 선택한 사람이 전체의 75.4%였다. 앞서 설명했지만, 부산은 바다, 강, 호수, 산을 가진 천혜의 항구이니 이분들 말을 이해하지 못할 것도 없다.

하지만 찬찬히 보면 알게 된다. 이렇게 말하는 분들은 대부분 40대 중반 이후 나름대로 경제적으로 안정되거나 여유가 있는 분들이다. 단순하게 말하면 "돈 많으면 부산에 살아도 된다." 하지만 돈이 없으면 어떻게 하나? 살기 좋은 아름다운 부산에서 살아갈 생활비를 어디에서 충당할 수 있을까?

이분들의 자녀가 대학진학을 앞두고 있거나, 대학을 졸업하고 직장을 구할 무렵 어떤 현실에 부딪히게 될까? "우리 아이는 인서울 대학보다 부산대학교에 보내려 한다."라고 하면 상담하던 고3 담임은 무어라고 말할까? 십중팔구 고개를 흔들 것이다. 속으로는 아마 미쳤다고 생각할지 모른다. 단, 그 아이가 부산에서 학교를 나온 뒤 자신이 하는 사업체나 자신의 부를 상속하려고 계획한다면 그것은 별개의 일이다. 이 책에서 거듭 강조하지만 부산에서 대학을 나오면, 설사 부산대학교를 나오더라도, 좋은 직장을 가지기 매우 어렵다. 기회가 원천적으로 봉쇄된다.

다시 말하고 싶다. 경제적으로 풍족하다면 부산에서 살아도 된다. 고향이 부산인 사람들은 부산에서 사는 것에 일종의 만족을 느낄지 모르나, 자식에게 물려줄 것도 없고 나날이 침체해가는 부산의 경제적 여건을 피부로 느끼고 있다면 아마 이렇게 바랄지 모른다. 내 아이만은 부산보다는 서울에서, 수도권에서 살아야 하지 않겠나.

앞에서 언급했지만, 이런 아이들이 진학을 위해, 취업을 위해 서울로 올라간다고 해서 장밋빛 미래가 기다리는 것은 아니다. 지나치게 높은 월세와 전세로 대표되는 집값, 출퇴근길의 미어터지는 지하철과 대중교통, 나쁜 공기 질. 그리고 하나 더 있다. 서울에서 태어나 부모의 서울 집에서 생활하는 아이들과의 경쟁. 특히 강남 아이들. 앞서 언급한 금수저 은수저에 더한 서울 수저다.

이들의 미래는 대개 두 부류로 나누어진다. 비장한 마음으로 10년 혹은 20년 서울의 어느 변두리 혹은 수도권에 다리를 뻗을 만한 아파트 하나를 마련해서 대한민국 수도권 시민으로 살아가거나, 아니면 지나치게 여유 없는 서울 생활에 지쳐 탈서울 혹은 탈수도권을 꿈꾸게 되거나.

하지만 잠시 탈서울을 하게 되면 서울에서 알지 못하게 누렸던 많은 것들(자기가 하고 싶은 일을 할 기회, 공연과 전시로 대표되는 문화적 인프라, 병원으로 대표되는 사회적 인프라 등)의 가치를 다시 생각하고, 경쟁에서 뒤지지 않기 위해 다시 인서울로 방향을 잡게 된다. 그래서 말한다.

"나는 서울 수저가 아니다. 나는 지방러다."

아, 그런가. 이번 생은 망했다.

부산이 살기 좋다고 말하는 많은 분들, 그중에는 내 지인도 포함되어 있다. 그분들이 알게 모르게 간직하고 있는 신조는 '투자는 서울, 실거주는 부산'으로 요약된다. 강남의 아파트에 대한 투자수요는 전국구다. 전국의 돈 많은 사람들은 투자를 위해서건, 자식에게 물려주기 위해서건, 강남 아파트만 한 투자처는 없다고 생각한다. 강남 아파트는 그러니 전국구다.

나는 이것을 이중적이라고 생각하지 않는다. 비판할 생각은 더더구나 없다. 자본주의 사회, 대한민국에서 경제주체가 내릴 수 있는 합리적 선택의 하나라고 생각한다. 하지만 개인의 이런 합리적 선택이 모이면 사회적으로 어마어마한 부작용이 발생할 수밖에 없다. 서울과 수도권으로의 집중이 그것이다. 그러니 누가 누구를 향해 돌을 던질 수 있는가?

젊은이가 외치는 "이번 생은 망했다."라는 절규는 가슴 아프다. 개인의 합리적 선택이 가져올 결과를 생각하면 등골이 서늘하다. 대한민국에 어떤 일이 발생할지 우리 모두 알고 있지 않은가.

지잡대와 부산대학교

호랑이 담배 피우던 시절의 이야기. 1974년, 대학입학을 위해서 본고사가 있던 시절의 이야기. 같은 반 친구 한 명이 연세대 진학을 희망했다. 담임 선생님과 면담한 뒤 모두 그 사실을 알게 되었다. 그때 옆에 있던 친구가 하던 이야기를 아직 기억한다.

"연고대를 왜 가? 아니 서울대에 가고 싶은 것은 인정한다. 그런데 말이야, 부산대보다 못한 연세대나 고려대를 왜 비싼 돈 주고 가려는지 도대체 이해하지 못하겠어!"

호랑이가 담배를 두 번 피우고, 개천의 미꾸라지가 용이 되어 승천을 열 번도 할 만큼 세월이 흘렀다. 그때 부산대학교는 그 정도로 당당한 위상을 가지고 있었다. 보는 관점에 따라 다르겠지만, 부산대학교는 전국 5위권 그중에서도 상위에 있었다. 〈표 15〉는 그 당시의 부산대학교 위상을 보여준다. 예비고사가 시행될 당시 전국 5위권 안에 드는 대한민국 굴지의 대학. 아 세월이여!

지금 대학진학을 앞둔 부산의 고등학교 3학년 학생들에게 이런 이야기를 하면 모두들 실실 웃어넘긴다. 서울대학교가 아니라, 기를 쓰고 인서울 대학에 가려는 분위기인데 부산대가 연고대보다 좋은 학교라니, 실없는 거짓말을 그만하라고 한다.

지잡대. 이 말을 처음 들었을 때 지방대라는 말을 잘못 들은 줄

〈표 15〉 **부산대학교의 전국 순위**

순위	1978*	1990**	2003	2010	2017	2022
1	서울대	서울대	포항공대	카이스트	서울대	서울대
2	부산대	연세대	한국과학기술원	포스텍	성균관대	연세대
3	서강대	고려대	서울대	서울대	한양대	성균관대
4	고려대	서강대	연세대	연세대	고려대	한양대
5	연세대	외국어대	고려대	고려대	연세대	고려대
6	이화여대	경북대	성균관대	성균관대	서강대	이화여대
7	충남대	부산대	서강대, 이화여대	경희대	중앙대	건국대
8	전남대			서강대	인하대	경희대
9	전북대		한양대	한양대		동국대
10	경북대		부산대			
				부산대(20)	부산대(16)	부산대(20)

주: 1978년 순위는 학교별 예비고사 점수 합격선 평균 기준. 1986~1995년도는 종합대학 문과대 순위. 여타 순위는 〈중앙일보〉 대학평가(출처: 문교부, 디씨인사이드 4년제 대학 갤러리, 〈중앙일보〉)

알았다. 지방대학교라는 말도 지방이라는 어감이 가지는 다소의 차별적인 느낌 때문에 좋아하지 않았지만 지잡대라니? 알 리가 없지 않은가.

지방에 위치한 잡스러운 대학. 서울에 있지 않다는 그 이유 하나로 한강 이남, 조금 넓게 이야기하면 수도권 이남의 모든 대학을 지잡대라고 한다. 이 용어는, 내 기억이 맞다면, 2010년 이전까지는 사용되지 않았다. 대한민국의 정보, 지식, 자원, 직업, 돈. 모든 것들이 수도권으로 향하기 시작할 때, 더구나 그 속도가 더 빨라질 때, 지방에는 더 이상의 기회가 없다는 사실을 자각할 때, 그러면서 자의 반 타의 반, 농담 반 진담 반, 개그 반 자학 반으로 사용되기 시작했다.

지방대, 지잡대 그리고 여기에 흙수저라는 단어 하나를 추가하면 지금 지방의 대학생들이 졸업을 앞두고 느끼는 열패감, 배신감, 막막함을 그대로 알 수 있게 된다. 오죽했으면 드라마에서도 이런 단어(지잡대, 흙수저)를 스스럼없이 사용할까.[18]

대기업에서 높은 자리를 차지한 졸업생들의 숫자가 많다고 반드시 그 대학이 유수의 명문대가 되는 것은 아니다. 그렇지만 그 대학이 전혀 엉터리 교육을 하지는 않았다는 것, 최소한 그 대학을 졸업한 학생의 능력이 평균 이상이라는 것을 증명할 수는 있다.

헤드헌팅 전문기업 유니코서치가 발표한 '2021년 국내 1,000대 기업 CEO의 출신 대학 및 전공 현황 분석'에 따르면, 부산대(37명)는 서울대(203명), 고려대(110명), 연세대(96명), 한양대(77명), 성균관대(47명)를 이어 6위를 차지하고 있다. 30대 그룹으로 범위를 좁히면, 부산대(14명)는 서울대(74명), 고려대(39명), 연세대(26명)를 뒤이어 4위다.

기업 임원의 평균 나이를 50대 중반으로 본다면, 이들의 대학 입

---

18. 2023년 1월 JTBC의 〈대행사〉라는 드라마에서 상무로 승진한 고아인(이보영 분)이 자신의 승진이 하나의 트릭에 불과했다는 사실을 알고 자조하듯이 이 두 용어를 사용한다.

학년도는 대략 1980년대 중후반으로 추산할 수 있다. 이를 토대로 1980년대 중후반까지 부산대학교에 입학하는 학생들의 수준이나 학교 자체의 역량이 그리 부족하지 않았다는 사실을 알 수 있다. 그러니 그로부터 10년 전인 1975년 무렵, 내 급우들이 대학 진학을 앞두고 이야기한 글머리의 농담 같지 않은 농담이 전혀 터무니없지는 않다.

그러나 이제 과거의 다소 자랑스러운 영광 혹은 졸업생들의 성과는 기대하기 어려울지 모른다. 서울과 수도권으로의 집중이 가속화되면서 부산의 고등학교를 졸업하는 학생들이 부산대학교로 진학해야 할 이유를 찾기 어렵게 되었고, 부산대학교 역시 과거와 같은 위상을 누리기 어렵게 되었다. 1970년대 중후반, 가정 형편으로 서울의 사립 대학에 가지 못했던 학생들은 이제 흙 묻은 바지를 팔아서라도 인서울 대학을 보내려는 부모의 성화를 거부하기 어렵게 되었다. 아니, 학생들 스스로 인서울 대학이 아니고선 졸업 뒤 변변한 직장을 구하기 어렵다는 사실을 자각하게 되었다.

그러나 거듭 말하지만 인서울에 성공한 학생들에게 '고생 끝, 행복 시작'의 동화 같은 이야기가 시작되는 것은 아니다. 흙수저라는 타이틀도 버겁지만, 거기에 '지방러'라는 또 하나의 자조적인 타이틀이 기다리고 있고, 서울에서 살아남기 위해서는 '서울 수저'들과의 치열한 경쟁을 치러야 한다.

앞으로 20년 혹은 30년 뒤에 대기업 임원들의 출신대학을 다시 조사하면 어떤 결과가 나올까? 명확하지 않을까? 인서울 대학 출신이 상위권을 독식하고 부산대학교를 비롯한 지방대학교의 이름은 찾기도 어렵게 될 것이다.

부산만의 이야기가 아니다. 그나마 사정이 좋은 부산대학교가 이러하니 다른 지방대학교의 사정은 불을 보듯 뻔하다. 앞으로 지방대학교에는 어떤 일들이 발생할까? 대한민국 교육의 앞날을 걱정하는 눈썰미 좋은 사람이라면 매년 12월 그리고 1월, 사회면에서 자주 등장하는 뉴스가 무엇인지 안다.

'지방대학교 정원 미달'

'국립대학교 자퇴생 증가'

'지방사립대학교 학과 통폐합'

'지방사립대학교 폐교'

돌을 던지지 말아야 한다. 지방대학의 몰락은 결코 지방대학의 무능과 어리석음 때문에 발생한 것이 아니다. 노도와 같이 밀어닥치는 수도권 집중이라는 변화에 국립대학교 교수들, 총장들 혹은 지역사회가 아무리 소리높여 외쳐도 그것은 당랑거철螳螂拒轍, 아무리 잘 봐도 소귀에 경 읽기 이상의 것은 아니다.

10여 년 전부터 대학교수들 사이에 암묵적으로 나돌던 반 농담조의 일화가 있다. 잡상인 취급을 당하는 대학교수 이야기. 그 대나무 숲에서 우리끼리 작은 소리로 수군거리던 그 이야기가 서울 중앙지에 일면 톱으로, 큰 소리로 보도되었다.

'고교 가면 잡상인 취급, 난 앵벌이 교수'[19]

벚꽃 피는 순서로 지방대학은 망한다. 언론의 수사修辭가 아니다. 우리에게 하나씩 다가오는 현실이다.

부산 학생들은 왜 서울로 가는가

부산대학교의 채널PNU가 학부생을 대상으로 한 여론조사(2022년 3월 14일~5월 14일, 378명 참여)에서 '만약 서울권 대학과 부산대를 모두 합격했다면 어디를 택할 것인가'라는 질문에 51.1%(193명)의 학생이 부산대를 택했다.[20] 설문조사에 참여한 학생들의 숫자

19. 〈조선일보〉 2023년 1월 7일 기사.

20. 〈부대신문〉 2022년 9월 5일 기사.

가 378명에 불과하다는 것을 고려해도, 50%에 가까운 학생이 서울권 대학을 택하겠다고 말했다. 그것도 부산대학교에 입학한 후에 이루어진 여론조사라는 점을 생각하면 다소 놀랍다. 이 신문은 그 결과를 다음과 같이 말하고 있다. "탈부산은 강요된 선택, 출구가 없다."

이제 학생들의 말을 구체적으로 들어보자.[21]

> "호흡기가 좋지 않아 공기의 질이 우려돼 부산에 남고 싶지만 원하는 업계의 기업이 죄다 수도권에 있다. (서울의) 집값도 부담되고 여러 단점도 인지하고 있지만, 취업 때문에 어쩔 수 없이 수도권으로 가야 한다."
>
> "메이저 직종은 메이저라 서울에 있고 비 메이저 직종들은 비 메이저라(비교적 수요 인구가 많은) 서울에 몰리게 된다. 비 메이저 직업은 지방에서 아예 구할 수 없어서 서울로 떠나고 싶다."
>
> "부산을 떠나고 싶지 않다. 만약 서울로 떠나게 된다면 자발적 이유가 아닌 일자리 등 강제적 이유일 것이다."
>
> "가고 싶은 행사나 전시회가 많은데, 대부분 서울에서만 개최된다. 한 번 서울을 방문할 때마다 많은 돈과 시간이 소모되기 때문에 방문 자체를 포기한 경험이 많다."

21. 아래 학생들의 말은 〈부대신문〉 2022년 9월 5일 자에 실린 말들을 인용한 것이다.

"지방 공연의 경우 같은 값을 받아도(음향이나 무대 소품 등에서) 퀄리티 차이가 난다."
"앞으로도 계속 부산에 산다면 경험이나 인식의 폭이 제한된 범위에 머무를 것 같다."

더 이상의 설명이 필요 없지 않은가? 지방과 서울의 격차, 혹은 지방소멸에 대해서는 어떻게 생각할까?

"지방은 절대 소멸해서는 안 된다. 다른 나라들에 비해 안 그래도 땅덩어리가 좁은데 자꾸 서울과 경기도로 좁혀가는 기분이다. 좁은 지역에 인구가 과밀화되니 집값이 오르는 건 당연한 수순이다. 이와는 별개로 정말 사라지면 어떡하나 하는 우려도 있다."
"장기적으로 보면 지방은 소멸할 수밖에 없다. 제2의 도시인 부산도 이런 불만이 나오는데 다른 도시들은 어떻겠나. 대구, 울산, 광주 등 광역시인 도시들을 비롯해서 여러 지역에서 서울로 가려는 움직임이 지속될 것이다. 우리가 굳이 부산을 떠나고 싶은 이유는 단연 취업이다."
"균형발전은 결국 위에 있던 사람이 내려와야 할 마음이 생겨야 가능한 거다. 지금 밑에 있던 사람들도 위로 가고 싶어 하는데, 위에 있는 사람들이 내려오고 싶겠나. 사람들 마음 바꾸는 게 우선인데, 지금은 조금 뜬구름 잡는 소리인 것 같기도 하다."

더 이상의 설명은 사족蛇足이자 췌언贅言이다. 사실 이 책의 주요 내용은 학생들의 말에 다 포함되어 있다. 필자는 단지, 이 학생들의 말을 알기 쉽게 해설할 따름이다.

4
추억으로 사는 부산

파이낸셜타임스의 기억

교수라는 직업은 대부분 활자 중독이다. 어디로 가건, 무엇을 하건, 손에서 읽을거리를 놓지 못한다. 읽을거리라고 하니 대부분 책을 떠올리지만, 반드시 그렇지는 않다. 신문, 잡지는 기본이고 심지어 상품 카탈로그라도 들고 읽는 버릇을 가지고 있다.

친구 한 명은 병원에 입원해 있는 동안에도 책을 놓지 못한다고 부인에게 핀잔을 듣곤 했다. 그것도 모르고 병문안을 간 나와 또 다른 친구는 꽃도 아니고 마실 것도 아니고, 평소에 보고 싶어하던 책을 사서 갔었다. 병석에서 회복 중이던 친구야 반색이지만, 그 부인은 영 마땅치 않아 했다.

서울의 대학에 재직하는 내 친구는 집에서 〈한겨레신문〉을 구독한다. 종로에서 만나 저녁을 먹고 헤어질 때마다 그 친구는 반드시, 정말 반드시, 신문 한 부를 산다. 저녁 10시 전후의 시간이니, 다음날 가판이 버스 정류장 신문 판매대에서 팔린다. 그런데 재미있게도(?) 반드시 〈조선일보〉를 산다. 〈한겨레신문〉을 보는 사람이 〈조선일보〉라니, 신기해서 그 이유를 물었다. 집에서 〈한겨레신문〉을 보니 〈조선일보〉라도 봐야, 저쪽(?) 사람들이 같은 문제를 어떻게 생각하고 있는지 이해할 수 있다고 했다. 그 균형 감각도 놀랍지만, 이 정도면 활자 중독도 대단하다.

나 역시 그리 예외는 아니다. 지하철을 타거나 조금 먼 거리를 여행할 때면 반드시 읽을거리를 챙긴다. 책이 마땅치 않을 때는 역이나 터미널에서 거의 예외 없이 신문을 산다. 어떤 이유로 신문을 사지 못한 날에는 목적지로 가는 열차나 버스 안에서 공연히 싱숭생숭한 마음을 달래지 못한다. (격세지감이다. 지금은 신문 없이도 스마트폰만 있으면 활자 중독을 능히 달랠 수 있다.)

깜짝 놀랐다.

서울 광화문 지하차도 옆의 신문 가판대에서 〈파이낸셜타임스〉를 발견한 것이다. 상당히 오래전 일이고, 지금 그 가판대는 광화문 광장이 확대되는 바람에 어디로 옮겼는지 알지 못한다. 그렇지만 경제신문을 사러 간 가판대에서 〈파이낸셜타임스〉를 발견하곤 기쁨 반 놀라움 반의 심정을 감추지 못했던 그 기억은 정말 축복 같았다.

드디어 한국도 거리 가판대에서 〈파이낸셜타임스〉를 파는구나. 그 신문을 사는 사람들이 일반 회사원이 아닌 광화문 근처 외국기업의 직원이라 해도, 신문의 가판대에서 〈파이낸셜타임스〉를 접한다는 건 보통 일이 아니다. 나는 최근까지 직업의 특성상 〈이코노미스트〉 〈뉴욕타임스〉 〈파이낸셜타임스〉 〈월스트리트저널〉을 온라인으로 구독했다. 이들 잡지와 신문의 영향력과 정보의 광범위함을 익히 알고 있기 때문이다. 서울의 광화문. 대한민국 중심이라고 할 수 있는 곳. 그 무렵 나는 '이제 드디어 한국도 세계와 나란히 보조를 맞추는구나. 최소한 서울에서라도.' 하고 생각했다.

그 뒤, 어느 곳에서라도 신문 가판대에서 〈파이낸셜타임스〉를 다시 발견할 수 있지 않을까 기대했지만, 그런 기대는 쉽게 충족되지 않았다. 사는 사람이 없는 신문을 팔지 않는 것은 기본이고, 이제는 디지털 온라인의 시대이기 때문이다.

〈중앙일보〉는 꽤 오래전부터 〈인터내셔널 헤럴드 트리뷴〉을 발간해 왔고, 〈한국경제신문〉을 온라인으로 구독하면 〈월스트리트저널〉을 볼 수 있다. 한국의 언론 매체를 거치지 않더라도, 온라인상에서 이들 신문을 언제든 구독할 수 있기에 신문 가판대에서 〈파이낸셜타임스〉를 보지 못하더라도 그리 실망스러운 일이 아닐 수 있다. 그렇더라도 거리의 가판대에서 〈파이낸셜타임스〉를 살 수 있었다는 것은 하나의 시작 혹은 하나의 기록이 아닐까 싶다. 개인적으로는 그렇게 믿는다.

그러나 이제 더 놀라운 것은 〈파이낸셜타임스〉가 아니라 거리의 가판대에서 신문을 파는 곳을 찾기가 점점 어려워진다는 점이다. 서울 이야기가 아니다. 대한민국 제2의 도시라는 부산에서 집에서 정기적으로 구독하지 않는 한, 가판대에서 신문을 사기가 매우 어렵다.

부산 지하철 서면역은 서울로 치면 종로3가역과 같이 대중적인 환승역이다. 그런데 언제부터인지 이 서면역에서 신문을 사기가 어려워졌다. 더 정확히 말하면, 신문 가판대가 사라져버렸다.[22] 부산의 연산역은 서울의 시청역이나 공덕역과 비슷하다. 이 연산역에서도 신문을 파는 가판대가 사라져버렸다.[23]

신문 가판대 역시, 신문과 다양한 잡화류를 팔기 때문에 이익이 나지 않을 경우, 문을 닫는 것이 맞다. 한때 그렇게 신문을 팔던 그 가판대들이 왜 하나둘 사라지고 있는가? 문제는 또 있다. 서울의

---

22. 2023년 2월, 서면역에서 다시 신문 가판대를 발견했다.

23. 2023년 2월, 연산역에서 다시 신문 가판대를 발견했다. 하지만 신문을 파는 시간이 너무 짧아 연구실에서 늦게 퇴근하는 날이면 신문을 살 수 없다. 늦게라고 해야 저녁 8시도 되지 않는 시간이다.

지하철역에는 신문을 파는 가판대들이 여전히 건재한데, 왜 부산 지하철의 환승역에는 신문을 파는 가판대들이 사라지는가?

신문 가판대 하나에서도 부산과 서울의 격차는 진행되고 있는 것인가? 학교를 오가며 가끔 환승역에서 신문을 사던 나는, 이제 사라져버린 서면역, 연산역의 신문 가판대를 보며 묘한 기분에 사로잡힌다. 서울 광화문에서 〈파이낸셜타임스〉를 보며 우쭐하던(근거 없는 우쭐함일 수 있다) 기분이, 부산의 환승역에서 한국 신문조차 구할 수 없는 현실을 대하며 풀이 죽어 버린다.

까짓 신문 하나 때문에 뭘 그러냐고? 맞는 말일 수 있다. 제비 한 마리가 봄을 가져오지 않는 것처럼, 신문 하나 살 수 없다는 것이 두 도시의 격차를 의미하지는 않는다. 하지만 제비가 수없이 많아지고, 서울에서는 손쉽게 구할 수 있는 많은 것들을 부산에서는 구할 수 없게 될 때, 우리는 계절의 바뀜을 느끼지 않을 수 없다.

부산은 역시 지방인가?

노인과 바다

동명목재, 조선방직, 신발산업

대한민국 경제발전사에서 부산은 결코 무시할 수 없는 비중을 차지한다. 1980년대 대한민국이 중공업 위주의 경제발전 전략을 채택하기 전까지, 부산은 경제와 수출의 명실상부한 중심지였다. 그 당시까지 부산과 떼려야 뗄 수 없는 산업 혹은 기업이 동명목재, 조선방직 그리고 신발산업이다.

동명목재. 1925년 강석진에 의해 '동명제재소'라는 이름으로 설립되었다. 1949년에 동명목재상사로 사명을 변경한 뒤, 1950년대와 1960년대를 거치며 비약적으로 발전하였고, 그 결과 합판 생산 및 유통과 관련한 거대 기업군이 만들어졌다.

합판의 생산과 판매에 있어서 당시 세계 최대였다. 1980년에는 동명목재에만 6,417명이 고용되기에 이르렀다. 그러나 1980년에 들어선 신군부 정권은 동명그룹을 반사회적 기업으로 간주하고 동명문화학원을 제외한 전 재산을 몰수하였다. 그러니 지금 부산에 남아있는 동명대학은 그 유훈 혹은 레거시다.

조선방직은 1917년부터 1969년까지 부산 동구 범일동 일대에 존속했던 방직업체로, 줄여서 조방朝紡이라고 한다. 방직업체들은 1945년 해방 이후 미 군정에 귀속된 뒤 개인과 기업에 매각되었으나, 1968년에 부산시가 재개발할 목적으로 매입했고, 1969년에 마침내 해산되었다.

지금도 범일동 인근 부산진시장, 평화시장, 남문시장 등에 혼수·의류·지류매장이 많은데, 이 역시 방직공장 주변에 남은 일종의 흔적이다. 이 일대의 낙지요리는 여타 지역 낙지볶음과는 그 스타일이 달라 이 자체를 조방낙지라 부른다. 조방앞이라는 버스 혹은 지하철 명칭도 그 유훈 혹은 레거시다.

서면의 황금 신발 테마거리. 1970~80년대 부산의 신발산업은 엄청난 호황을 누렸다. 과장이 아니라, 부산은 1970~80년대 세계 최대 운동화 생산 도시로 유명했다. 당시 국제상사는 부산지역에서 컨베이어 벨트를 이용한 대량생산시스템을 개발하기까지 했는데, 이 시스템은 국제상사의 이름을 따 'KJ 생산시스템'으로 불렸다. 1988년에는 미국에서 수입하는 신발 물량의 29%가 한국으로부터 수출되었는데, 그 대부분을 부산에서 생산했다. 하지만 자체 브랜드를 개발해내지 못하고 대부분 주문자 상표 부착 형태로 생산되었기 때문에 점차 쇠락의 길을 걷게 되었다. 서면의 황금 신발 테마거리와 개금의 한국신발관은 전성기의 부산과 한국의 신발산업을 추억하는 곳이 되었다.

설레발이 너무 길었다. 현재가 못날수록 과거의 '라떼'를 먹고산다. 분명 과거의 부산 경제는 영광스러웠다. 하지만 잊어버리자. 과거의 영광이 현재의 불운을 상쇄하지는 못하니까. 부산이 노력하지 않은 것은 아니다. 조선산업, 자동차산업 연이은 산업단지의 조성. 그러나 그 노력은 정보사회, 지식사회로의 변화라는 큰 흐름을 타지 못했고, 서울과 수도권으로의 집중이라는 대한민국의 고질병에 제대로 대응 한번 하지 못했다. 지식과 정보를 위주로 하는 대기업들은 수도권 집중이라는 시대의 흐름을 타고 모든 일자리를 수도권에 몰아주었다. 대한민국의 경제발전 단계에 집중과 선택은 당연한 것으로 받아들여졌고, 부산과 같은 지역발전을 위한 정책적 배려는 후 순위로 미루어졌다.

중간중간, 선거라는 이슈를 타고 부산의 산업발전을 위한 기회가 없었던 것은 아니다. 우여곡절 끝에 자동차산업이 강서에 자리잡게 되었고, 그 자동차산업은 삼성자동차, 삼성 르노 자동차를 거쳐 다시 르노자동차로 이어지게 되었다. 항구를 끼고 있어 자연히 발전한 조선산업도 나름대로 명목을 이어왔으나, 거제와 울산의 대규모 조선산업 발전에는 미치지 못하였다.

지금 부산에 젊은이들이 선망하는 대기업은 몇 군데나 있을까?

제조업 발전을 위해 필요한 자산규모가 너무 크기 때문에, 부산은 알게 모르게 그 발전 방향을 서비스 산업으로 전환한 감이 없지 않다. 지식과 정보를 위주로 한 IT 서비스 산업은 최근에야 겨우 중요성을 실감하고 있을 따름이다. 그러니 젊은이들이 갈만한 좋은 기업 혹은 선망의 대상이 될 수 있는 기업들은 문현동의 금융정보단지에 자리 잡은 국내 금융기관들, 몇 개의 공기업, 강서와 여러 곳에 산재한, 한 손에 꼽을 만한 대기업의 부산 공장들. 과문하지만 그 외에 무엇이 있을까?

전국 어느 지역이나 마찬가지지만, 부산에 있는 교회도 신자들의 친목과 신앙심 촉진을 위해 구역예배를 드린다. 서울에서 부산으로 내려온 뒤 자연히 이 지역의 구역예배에 참석하게 되었다. 새로 구역예배에 참석하면 당연히 자기소개 시간이 있다. 다 큰 어른들이라, 명백하지는 않더라도 자신의 직업 정도는 소개할 수밖에 없다. 구역이 몇 번 바뀌느라 이런 자기소개의 기회가 여러 번 있었는데, 어느 날 자기소개를 마치고 집으로 돌아오면서 참 묘한 생각이 들었다.

'이분들 직업이 왜 이리 단순하지?'

돌이켜보니 그랬다. 구역예배에서 만난 분들의 직업은 손으로 셀 수 있을 정도였다. 공무원(교사와 교수 모두 포함), 의사, 가끔 전문직(공인회계사, 변호사) 그리고 자영업자. 회사에 근무하는 분들이 없지는 않았는데, 정말 가뭄에 콩 나듯 했다.

학생들로부터 우스운 개그를 들은 적이 있다. 교수님, 부산에 가장 많은 것이 무엇인지 아세요? 글쎄다. 답은 무얼까? 병원과 횟집. 이 무슨 자학개그인가? 바다를 끼고 있으니 횟집이 많은 것은 당연한데, 그렇다면 병원은? 교수님, 아직 인구가 제법 되니까? 병원은 개업하면 좋아요.

현타란 이를 두고 하는 말이다. 최근에 부산에 가장 많은 것이 무어냐는 질문에 답이 하나 더 늘었다. 아파트다. 아니, 부산에만 아파트가 늘어나는 것은 아니지 않은가? 문제는 겨우 부산에 남아 있던 기업들이 외지로 공장을 이전해가고 그 기업들이 있던 자리에 아파트가 들어선다는 것이다. 공장이 외지로 이전하면 당연히 일자리도 외부로 사라진다. 그 자리에 아파트가 들어서면 생산하지 못하면서 소비만 하는 그런 경제, 그런 도시로 변한다.

그 자학개그의 최고봉은 '노인과 바다'다. 헤밍웨이의 그 《노인과 바다》가 아니다. 다이나믹한 부산이 그 다이나믹의 결과로 남은 것이 노인과 바다란다. 아니, 노인이 많은 것이, 노인이 많은 도시가 왜 부산뿐인가? 맞다. 서울의 탑골 공원과 종로3가에 가면 하루 한 끼를 때우기 위해 줄 선 어르신들을 볼 수 있다. 출근 시간이 지난 지하철에는 서울에서도 지공거사(지하철 공짜 거사) 어르신들의 모습이 비일비재하다.

하지만 부산에는 그 어르신들이 늘어나는 속도, 전체 인구에서 차지하는 비중이 다른 도시와 비교할 바 없이 빠르다. 여기서 고령사회, 고령화사회, 초고령사회 같은 용어는 말할 필요조차 없다. 시간 내어 구포에서 수영으로 오는 지하철을 한 번 타 보면 무슨 말인지 금방 이해할 수 있다.

2022년 8월, 부산시가 발표한 '인구정책 브리핑'을 보면, 최근 10년 동안 부산에서 수도권으로 유출된 인구는 약 85,000명에 달했고, 이 중 청년 인구(20~30대)는 73,000명에 달한다고 한다. 부산에서 정말 많은 젊은이들이 수도권으로 간다. 일자리가 없으니 서울과 수도권으로 가는 것이 당연하지 않은가? 그러니 '노인과 바다'라는 표현에 노인이 왜 들어가는지 설명이 된다. 장기적으로는 노인밖에 남지 않게 된다는 것이다.

바다. 구태여 설명이 필요할까? 부산은 항구도시, 바다를 끼고 있다. 아주 낙관적으로 긍정적으로 해석하면 부산은 나이든 어르신들이 좋은 바다를 배경으로 편안히 늙어가는 곳이다.

그러나 자식을 외지로 보낸 부모의 마음은 그렇지 않다. 부산이 아름답고 여유 있는 사람들에게는 살기 좋은 도시일지 모르나, 일자리 때문에, 그놈의 돈 때문에, 사랑하는 자식과 손주를 서울로 보내고, 그래서 자주 보지도 못하는 어르신들에게 부산에서의 삶은 그리 낙관적이지 않다. 인터넷을 검색하다가 부산에서의 삶을 묘사한 어느 어르신의 다음과 같은 말이 심금을 울린다.

> '부산은 늙은 나 자신이 마지막으로 사는 곳이지 자식이 살 곳은 못 된다. 그래서 부산은 노인과 바다의 도시에서 화장과 죽음의 도시로 별명을 바꿔야 한다.'

5
아, 부산

인구가 감소하면 생기는 일

시골이 아닌 도시, 그것도 부산의 한 자치구에서 인구가 감소하면 어떤 일이 벌어질까? 지금 부산의 영도구에서 벌어지는 일은 앞으로 부산 혹은 대한민국 전체에서 벌어질 일의 전조前兆일 수 있다.

'부산 인구정책 브리핑'에 따르면 2020년에 336만 명이었던 부산 인구는 2050년에 251만 명 수준으로 줄어들 전망이다. 같은 기간 중위연령은 46.3세에서 60.1세로 상승하고, 생산연령 인구는 237만 명에서 121만 명으로 줄어들 것으로 보인다. 주지하는 바와 같이 부산은 2021년 전국에서 최초로 초고령사회[24]로 진입했다.

영도구의 10년간(2011년~2020년) 인구 감소율은 20.9%로 전체 기초자치단체 가운데 1위를 차지했다. 대한민국 전체의 인구 감소율도 심각하지만 영도구의 감소율은 가히 독보적이다. 전체 인구 중 일하지 않는 사람의 비중도 어마어마하다. 영도구의 비경제활동인구 비율(15세 이상 전체 인구 중 경제활동을 하지 않는 비중)은 49.6%(2022년 상반기)로 전국 228개 시군구 중 가장 높다. 영도구 15세 이상 인구 중 절반 이상은 일할 능력이 없거나, 일할 능력이 있지만 일할 의사가 없는(일자리를 구하지 못한) 사람이라는 뜻이다. 그러니 48.8%를 기록하고 있는 고용률도 전국 최저일 수밖에 없다.[25]

당연한 말일지 모르지만, 부산 영도구의 65세 이상 인구 비중은 주변 다른 지역보다 높다. 2022년 7월 말 기준 29.69%로 부산 16개 구군 중 65세 이상 인구 비중이 가장 높았다. 전국 평균인 17.63%와 비교해도 높은 수준이다.[26]

영도구 인구 감소의 가장 중요한 이유는 영도구의 주요 산업이

---

24. 65세 이상이 전체 인구의 7% 이상이면 고령화사회, 14% 이상이면 고령사회, 20% 이상이면 초고령사회를 의미한다.

25. 7개 특별·광역시의 74개 구·군 중 고용률이 가장 높은 인천 옹진군(76.3%)과 비교하면 27.5% 포인트나 차이가 난다. 통계청 발표 '2022년 상반기 시군구 주요 고용지표' 참조.

었던 조선산업이 쇠퇴의 길로 접어들었기 때문이다. 국내 1호 조선소였던 대한조선공사(현 HJ중공업)가 위치했던 곳이라 한때 좋은 시절이 있었지만, 지금은 그때 일하던 젊은이들 대다수가 지역을 떠난 상태다. 결국, 지방소멸이라는 사건의 배후에 일자리가 자리하고 있다.

조선산업의 쇠퇴를 상쇄할 새로운 산업을 육성하지 못했고, 젊은이들이 영도를 떠나면서 나이든 고령층만 남게 되었다. 일하고 싶어도 일자리가 없을뿐더러, 나이가 드니 일하기도 어렵게 되었다. 영도구에 빈집이 많은 것도 우연이 아니다. 부산시에서 집계한 영도구의 빈집은 392채에 불과하지만 영도구가 무허가 건물까지 포함하여 자체적으로 집계한 자료에 따르면 부산시 집계의 3배에 달하는 1,124채나 됐다.

인구가 줄어들면 가장 먼저 어디에서 문제가 발생할까? 학교다. 그것도 초등학교. 〈표 16〉은 2022년 8월 기준 영도구 초등학교 실태를 정리한 것이다.

놀랍지 않은가? 봉삼초등학교, 신선초등학교, 절영초등학교, 태종대초등학교의 경우 학생 수 60명 내외에 선생님 수는 15명 내외다. 착각하지 말아야 한다. 한 학년 학생 수와 선생님 수가 아니라,

---

26. 〈국제신문〉 2022년 8월 23일자 기사 참조.

〈표16〉 **영도구 초등학교 실태 (2022년 8월)**

학교명	설립년도	학생 수(단위: 명)			선생님 수(단위: 명)		
		전체	남	여	전체	남	여
봉삼초등학교	1996	60	36	24	15	5	10
신선초등학교	1964	41	25	16	12	3	9
절영초등학교	1995	65	37	28	16	6	10
태종대초등학교	1983	63	31	32	15	5	10
상리초등학교	1994	171	91	80	21	5	16
봉학초등학교	1952	190	108	82	19	5	14
남항초등학교	1939	240	118	122	22	6	16
대교초등학교	1967	347	181	166	25	6	19
청학초등학교	1954	237	131	106	23	7	16
영도초등학교	1908	299	162	137	25	7	18
동삼초등학교	1942	337	165	172	23	4	19
중리초등학교	1988	676	344	332	45	11	34

전체 학생 수와 전체 선생님 수다. 선생님 한 분이 학생 4명 내외를 지도한다니, "대한민국 만세"라고 해서는 안 된다. 1960~70년대의 콩나물 교실, 오전반 오후반으로 나누어 수업하던 과거를 기억하고 있는 분들에게는 다소 충격적일 수 있다.

학생 수에 대해서는 다음과 같은 기준이 있다. 개략적으로 전교생 수가 600명 정도면 한 학년당 네 반을 만들 수 있고, 300명 정도면 한 학년당 두세 반을 만들 수 있다. 6학년을 기준으로 한 것이다. 그러나 학생 수가 300명 이하로 내려가면 문제가 발생하고,

100명 이하면 매우 큰 문제가 발생한다. 6학년을 구성하기 어렵기 때문이다.

신선초등학교의 경우 학생 수는 41명, 선생님 수는 12명이다. 남해나 서해의 절해고도絶海孤島 분교의 학생 수가 아니다. 대한민국 제2의 도시 부산의 한 자치구에 위치한 초등학교의 일이다. 어느 구구절절한 이야기보다 더 가슴에 와 닿는 지방소멸의 전조가 아닐 수 없다.

물론 가까운 지역에 있는 초등학교들을 통합하면 이 문제를 피할 수 있다. 봉삼초등학교와 절영초등학교는 지리적으로 붙어있으니 두 학교를 합치면 이 문제에서 다소 벗어날 수 있다. 그렇게 해도 학생 수 125명, 선생님 수는 31명에 불과하다. 태종대초등학교는 통폐합을 위해 없앨 수도 없다. 근처 다른 초등학교가 너무 멀리 있어서 태종대초등학교에 다니던 아이들이 사실상 통학할 학교가 없어질 수 있기 때문이다. 앞으로 10년, 영도구의 초등학교에는 어떤 일이 발생할까?

이런 문제는 초등학교에만 그치지 않는다. 영도구에 위치한 부산남고는 학생 수가 감소한다는 현실적 문제에 직면해 영도구를 떠나 강서구로 이전할 계획을 마련하고 있다. 하지만 이 또한 반대가 만만치 않다.

2022년 8월, 영도 교육 혁신 운동본부는 부산남고 이전 추진 반대를 위한 주민 공론장을 개설하고 부산남고의 이전을 반대한다고 공식적으로 천명하였다. 그들은 고등학교마저 영도구를 떠나 강서구로 이전한다면 영도의 경쟁력은 회복될 수 없을 것[27]이라고 말한다. 쓸쓸하고 애절한 심정을 모르지 않는다. 앞으로 10년, 영도뿐 아니라 부산이 경쟁력을 회복하지 못하면 이 지역에 어떤 일이 발생하게 될까?

부산이 좋다

부산이 좋다. 혹은 부산이라 좋다.

부산시는 2023년 1월 13일 도시 브랜드 위원회를 열고, 2003년 11월 선포되어 20년간 사용해온 '다이나믹 부산Dynamic Busan' 대신 'Busan is Good'을 새로운 도시 슬로건으로 선정했다. 부산은 살기에 좋다. 부산은 엑스포 하기에 좋다. 이런 형태로 변주할 수 있다고 부산시는 말한다.

자신이 사는 도시를 살기 좋다고 말하는 것은 인지상정일지 모른다. 객관적으로는 열악할지라도, 살아온 동안 추억과 정서가 서

---

27. 〈한국경제신문〉, 2022년 8월 15일자 참조.

려 있는 고향을 살기 좋다고 말하는 것을 가치 판단의 대상으로 삼을 수는 없다.

부산의 지인들은 간혹 말한다. 'Busan is Good'보다 'Dynamic Busan'이 더 바람직한 것 아니냐고. 맞는 말이다. 20년이나 되었다는 이유로 슬로건을 변경할 필요가 있을까? 현재의 부산은 '좋다' '바람직하다'의 정태적인 차원에서 '더 좋고, 더 바람직한' 도시로 바뀌어 가는 동태적인 변화가 바람직하지 않을까? 슬로건을 바꾸는 대신 산업구조 개선, 동서균형 발전을 기조로 한 새로운 도시계획의 구상, 교통체계 개선 등 정책적 마인드 변화가 더 바람직한 것은 아닐까?

조금 긴 인용이 될지 모르겠다. 새로운 도시 슬로건이 발표된 다음 달인 2023년 2월, 부산의 유수 언론인 〈부산일보〉에 게재된 칼럼 중 일부를 인용하는 것으로 이 슬로건의 변화에 대한 저간의 인식을 말하려 한다.

> 부산은 삼포지향三浦之鄕의 도시로 천혜의 환경을 가진 도시다. 그러나 도시 고유의 색은 없고, 도시계획이라는 것 자체가 실종된 도시다. 바다와 산과 전혀 어울리지 않게 우후죽순처럼 솟은 고층빌딩, 낡은 원전을 폐기치 않고 악마의 그림자처럼 안고 있는 도시, 대한민국 가운데서도 가장 심각하게 인구절벽을 실감하는 도시 부

산, 청년들이 예술가들이 희망이 없다며 떠나는 도시 부산, … 이런 도시가 우리가 사는 부산의 현실인데 무엇이 있어 '부산이 좋다'고 떳떳하게 말할 수 있을까?[28]

28. 〈부산일보〉 2023년 2월 2일, 이청산의 칼럼에서 인용.

4부

함양 : 강산과 인걸

"해마다 힘이 빠져."

내가 좋아하는 함양군 마천면의 형님은 가끔 푸념하듯 한마디 하신다. 그 형님의 무, 배추, 고추 등 농사짓는 노하우, 자신의 몸무게 이상을 짊어진 채 지게를 지고 일어서는 법, 농산물 배송용 상자를 포장하는 법, 저온 저장고를 사용하는 법. 가만히 지켜보면 '야물딱지다'는 표현이 저절로 떠오른다. 책상물림의 도시 것들은 감히 따라 하지 못한다.

20가구 남짓한 이 마을에 독신 가구가 7명이나 되니, 마을 총인구는 30명을 겨우 넘는다. 농한기에 접어든 형님은 그래도 과거를 추억하고, 아들과 딸에 보낼 농산물을 농협으로 가 부치고, 도시에서는 엄두도 못 낼 먹거리를 늘 먹는다.

그 형님도 이제 나이 팔십을 앞두고 해마다 힘이 빠진다고 하니, 10년 뒤 이 마을은 어떻게 변해 있을까? 농한기에 마을 사람들과 남쪽으로 여행을 간다고 즐거워하는 그 얼굴, 그 마음이 계속되어야 하지 않을까?

1
함양, 변화와 생존

함양, 10년간 어떻게 변해왔을까

인구 37,962명(2022년 9월 기준), 인구밀도 52.33명/㎢. 1읍10면, 725.49㎢. 함양의 기본적인 지표다. 가장 큰 관심사는 인구다. 어떻게 변해왔을까? 놀랍게도 1970년대 중반까지는 인구가 10만 명을 넘어서고 있었다. 하지만 1960년대 후반부터 시작된 인구 감소 추세는 함양군이라고 예외가 아니었다. 2015년까지는 주민등록인구 4만 명대를 유지했으나, 2019년부터 3만 명대로 떨어졌고, 2022년 9월 기준 3만7천 명 수준이다. 4만 명을 넘어서는 것이 함양군의 일차 목표다.

최근 10년 추이를 조금 자세히 살펴보자. 2011년부터 지금까지

〈표 17〉 **함양군의 최근 10년 인구수와 가구수 추이**

년도	인구수(명)	가구수(개)
2011	41,081	18,934
2012	40,714	18,935
2013	40,692	19,095
2014	40,584	19,222
2015	40,339	19,363
2016	40,241	19,598
2017	40,175	19,915
2018	40,044	20,159
2019	39,637	20,427
2020	39,506	20,754

자료: 함양군 통계연보 2021

한 해도 빠지지 않고 인구가 감소해왔지만, 가구 수는 계속 증가해왔다. 이는 함양군도 대한민국의 전반적인 추세와 비슷하게 핵가족화가 진행되어 1인 가구와 같은 독립 가구가 늘어왔음을 의미한다.

경상남도에서 의령, 산청, 함양은 각각 1, 2, 3번째로 인구가 적은 편이다. 인구수가 3만 명도 안 되는 의령군, 3만 명 수준인 산청군을 포함하여 이 세 지역은 경남판 무진장(전라북도의 무주, 진안, 장수), 혹은 경북판 BYC(경상북도의 봉화, 영양, 청송) 지역으로 불리기도 한다. 경상남도는 경부선과 경부고속도로가 지나는 동부 지역이 상대적으로 발달해 있고, 서부 지역은 진주시를 제외하면 인구가 계속해서 줄어들고 있다.

함양군 홈페이지에 나와 있는 인구 현황에 따르면, 65세 이상 인구는 13,784명으로 전체 37,585명의 36.7%를 차지한다. 이는 2014년 30.5%(11989명/40584명) 2017년 31.3%(12558명/40175명), 2020년 33.8%(13,227명/39080명)의 비율로 계속 늘어난 수치다. 2021년 발행된 함양 통계연보를 보면 함양군의 2020년 연간 출생자, 사망자, 순 전출자는 다음과 같다.

함양군 연간 출생자: 106명

함양군 연간 사망자: 558명

함양군 연간 순 전출자: 107명 = 전출자(3,502명)-전입자(3,395명)

출생자 수와 순 전출자 수가 비슷하기에, 이 추세가 계속 이어진다면 함양군은 해마다 연간 사망자만큼 인구가 줄어든다. 이뿐 아니다. 앞서 제시한 것처럼 고령화는 더 가속화된다.

여기서 던지는 질문 하나. 앞으로 10년, 함양군에는 어떤 일이 벌어질까? 복잡한 수학의 문제가 아니라 단순한 계산의 문제다. 답은 분명하다. 인구는 3만 명 아래로 떨어지고, 그 추세는 계속될 것이다. 젊은이. 생산연령인구. 중요한 지표들이다. 단순히 생각하자.

〈표 18〉 **함양군의 학교 및 학생 수, 연도별 학생 수**

함양군 내 학교 및 학생 수(2021년)

학교	학교 수(개)	학생 수(명)
유치원	12	297
초등학교	13	1,364
중학교	6	826
인문고	3	454
특성화고	1	274
전체	35	3,215

함양군 내 연도별 학생 수(단위: 명)

년도		2012	2013	2014	2015	2016	2017	2018	2019	2020	2021
총학생 수		4,705	4,568	4,463	4,236	4,048	3,786	3,610	3,412	3,253	3,215
성별	남	2,436	2,351	2,310	2,175	2,081	1,957	1,865	1,809	1,679	1,667
	여	2,269	2,217	2,153	2,061	1,967	1,829	1,745	1,603	1,574	1,548

자료: 함양군 통계연보, 2021

함양군의 학교와 학생 수는 앞으로 어떤 변화를 맞이할까?

〈표 18〉은 2020년 함양군의 학교 및 학생 수 그리고 연도별 학생 수를 나타낸 것이다. 2012년에 4,705명에 달하던 학생 수가 2021년에는 3,215명으로 줄어들었다. 총 3,215명의 학생에 선생님 수는 521명이니, 선생님 1명이 학생 7명을 담당한다. 2012년 이후 총학생 수는 해마다 약 166명씩 줄어든다.

만약 이 속도로 계속 학생 수가 줄어든다면, 2031년 함양군의 총학생 수는 1,600명 정도로 현재와 비교하면 절반으로 줄어든다. 2021년 현재 35개인 학교 수는 어떤 변화를 겪을까? 비슷한 추세를 보일 수밖에 없다.

지방소멸지수 0.703으로 평가한 함양군의 상황이다. 1부에서 살펴본 바와 같이 0.703은 소멸우려지역으로 분류되긴 하나 소멸위험지역은 아니다. 소멸우려지역인 함양이 이 정도라면 소멸위험지역으로 분류된 다른 지역은 명약관화明若觀火다.

아, 슬픈 소식 하나를 전해야겠다. 함양군 마천면의 마천초등학교에는 2023년에 1학년 신입생이 한 명도 없다. 한 명이 입학하기로 되어있었는데, 친구도 없이 혼자서 공부하기가 마땅치 않아 다른 초등학교로 입학했다고 했다. 1학년이 없는 초등학교. 앞으로는 어떻게 될까?

인구증가를 위한 눈물겨운 노력

"선생님은 해당이 되지 않습니다."

함양군에 귀농할 주택을 지으려는 지인은 귀농인에게 최대 7,500만 원을 저금리로 지원한다는 이야기를 듣고 신청하기 위해 함양군청을 들렀다. 이것저것 사실을 확인하던 담당자는 대뜸 위와 같이 단언했다. 요지인즉, 이런 지원을 받기 위해서는 주택을 지을 땅이 지목상 대지여야 하는데, 내 지인이 집을 지을 땅은 대지가 아니라는 것이다. 가만히 있을 내 지인이 아니다.

"집을 짓기 위해 농지전용부담금을 이미 납부했고, 집을 짓고 나면 자동적으로 대지로 전환됩니다. 그러니 지원해줘야지요!"

담당자는 다시 설명한다. 정부에서 이런 명목으로 내려온 지원금은 집을 지을 당시 지목이 대지인 경우에 한정된다고 한다. 귀농인이 함양군에 집을 짓기 위해서는 전이나 답을 사고, 그것을 다시 대지로 전환할 수밖에 없으니, 이 규정이 잘못된 것이 아니냐는 항의에 담당자는 다시 웃으며 말한다.

"선생님 말씀이 맞아요. 저희도 불합리하다는 것을 알고 있지만 어쩔 수 없어요. 이런 불합리한 규정을 고치기 위해서는 선생님 같은 분이 정부에 자꾸 민원을 넣는 수밖에 없어요. 부탁드립니다."

혹 떼러 갔다가 혹을 붙인 경우는 이를 두고 하는 말이다. 주택구입지원금을 받으러 갔다가 오히려 민원을 넣어주면 좋겠다는 부탁을 받고 온 셈이다.

함양을 포함한 지방은 인구 늘리기에 필사적이다. 하지만 지자체가 독자적으로 시행할 수 있는 정책은 그렇게 많지 않다. 예산 문제 때문이다. 중앙정부가 독자적으로 정책을 입안해서 그것을 지방으로 내려보내는데, 그 정책의 많은 부분에 현장의 목소리가 반영되지 않거나, 혹은 현실을 모르는 탁상행정의 전형을 보여주고 있다. 함양군이 발행한 "2023년 한눈에 보는 함양군 인구시책"에는 다음과 같은 내용이 담겨 있다.

> 전입 지원, 임신 출산 지원, 다자녀 가정 지원, 학생 지원, 귀농 귀촌 지원, 그 밖의 지원

어떤가? 많은 인구시책이 도시에서 시행하는 시책과 닮아있다. 특히 임신 출산 지원, 다자녀 가정 지원은 도시의 그것과 별로 다르지 않다. 도시에는 어떨지 모르지만, 함양과 같은 지방에는 이런 시책이 별로 효과가 없다. 지속적으로 인구가 줄어든다는 사실이 바로 이런 시책의 비효과성을 드러내고 있다. 함양과 같은 지방에 특화된 것은 전입 지원, 귀농 귀촌 지원이다. 전입지원은 다시 다음과 같은 항목으로 구성되어 있다.

> 전입 축하금, 인구 늘리기 유공 군민 인센티브 지급, 전입자 세금 우대, 근로자 전입 우대, 빈집 수선 자금 및 주택설계비 지급, 종량제 봉투 지원

무엇이 보이는가? 안간힘, 혼신의 힘을 다해 인구를 늘리려는 애달픔이 느껴진다. 함양군 내로 5명 또는 10명 이상 전입시킨 실적

이 있는 함양 군민에게 각각 50만 원과 100만 원이 지급된다. 얼마나 효과가 있을까? 1년 이상 다른 시, 군, 구에 주민등록을 두고 있다가 2022년 1월 1일 이후 함양군에 전입하여 6개월 이상 거주 중인 근로자에게는 매년 50만 원씩 2년 동안 지원된다. 다시 물어본다. 얼마나 효과가 있을까? 관내 공장에 등록된 기업체에 근무하는 경우로 한정하고 있는데, 함양군 내에 등록된 기업체는 그리 많지 않다. 다들 알고 있다. 그나마 귀농 귀촌 지원은 규모도 크고 일관되게 시행되고 있다. 귀농 귀촌 지원은 다시 다음과 같은 항목으로 구성되어 있다.

> 체류형 농업창업지원센터, 귀농 귀촌 교육, 귀농인 안정 정착 지원 사업, 귀농인 농업 창업 및 주택지원 사업, 귀농인 유치 빈집 리모델링 사업, 귀농 귀촌 상담센터 운영

이 귀농 귀촌 지원사업은 정말 권장할 만하다. 지인을 따라 함양군과 귀농 상담센터를 방문해 보고 들으니 함양군이 이 귀농 귀촌에는 진심이라는 것을 느낄 수 있었다. 특히, 체류형 농업창업지원센터는 하나의 모델로 삼을 만하다. 농촌 정착 교육과 영농교육을 합쳐 220시간 교육을 들어야 하는데, 이럴 경우 15평형 혹은 20평형의 거주지를 지원받는다. 귀농 귀촌 교육 역시 그 내용이나 그에

따른 지원 시책 역시 상당하다는 느낌을 받게 된다. 문제는 위에서 말한 귀농인 농업 창업 및 주택지원 사업이다. 큰돈이 소요되는 것은 맞지만, 그 규정과 요건이 일선 현장과 맞지 않는다.

함양군과 같은 지방은 인구 늘리기에 진심이고, 예산이 마련하는 한도 내에서 함양군으로 이전하는 분들에게 혜택을 늘리려 한다. 문제는 두 가지다.

첫째, 현실에 둔감하고 형식적이다. 지방의 인구를 늘리기 위해 많은 예산이 소요되는 시책은 지방 지자체가 아니라, 중앙정부의 주도하에 시행되는데, 이런 시책은 현실에 둔감하거나 지나치게 형식적이어서 그 효과가 크지 않다. 예산을 함부로 퍼줄 수는 없기에 이해하지 못하는 바 아니나, 생색내기 혹은 일을 하고 있다는 자기만족에 빠져있는 감이 없지 않다.

둘째, 효과가 크지 않다. 함양이 아무리 많은 인센티브를 내걸어도 도시의 생활에 익숙해 있거나, 교육이나 사회 인프라 혹은 직장 문제로 도시를 떠날 수 없다면 함양군과 같은 지방으로 이주해야 할 이유가 없다. 이 문제는 함양군의 노력으로 바뀌는 것이 아니라, 대한민국의 사회경제적 구조가 변하지 않는 한 백년하청百年河淸일 수밖에 없다.

그래도, 그럼에도 불구하고 함양군에 말한다.

"함양군, 힘내라!"

2
함양의 모듬살이

함양군의 시외버스 혹은 시내버스

함양군은 남북으로 길게 뻗어있다. 위로는 덕유산을 마주하고 아래로는 지리산을 품에 안고 있다. 함양군에는 함양읍과 10개 면으로 이루어진 11개의 행정구역이 있다. 그 함양군의 맨 아래쪽, 그러니 지리산을 품에 안고 있는 마을이 마천면이다. 지리산을 좋아해 그 마천면으로 자주 간다. 버스를 타고.

군에는 면과 면 사이를 잇는 마을버스가 있게 마련이다. 함양군청이 있는 함양읍과 마천면 사이의 직선거리는 얼마 되지 않는다. 하지만 오도재와 지리산 제1관문의 높은 고도 때문에 함양읍에서 마천면으로 가기 위해서는 동쪽이나 서쪽으로 우회하지 않으면 안

된다. 동쪽으로 우회하면 유림면, 휴천면을 거쳐 한 시간이 넘게 걸리지만, 어쨌든 함양군 내에서 움직인다. 서쪽으로 우회하면 이보다 짧은 40분 내외의 시간이 걸리지만, 전라북도 남원시 인월면을 경유해야 한다.

동쪽의 우회는 함양군 시내의 문제지만, 서쪽의 우회는 전라북도를 경유하는 시외의 문제이다. 무슨 말을 하고 싶은 것일까? 버스 요금 문제다. 함양군 관내에서만 운행한다면 함양군이 자체적으로 요금을 책정하면 되지만, 인월을 경유하면 함양군 밖을 지나기 때문에 시외버스 요금을 내야 한다. 당연히 불편과 민원이 따를 수밖에 없다.

함양군은 지혜롭다. 함양군은 인월을 경유하는 버스회사, 남원시 인월면과 협의하여 교통카드를 발급하기로 한다. 함양읍에서 마천면까지는 정상 요금으로 4,100원을 내야 하지만 이 교통카드를 이용하면 1,000원이면 된다.

이 글도 너무 우회를 한다.

함양읍에서 마천면으로 가는 이 시외버스를 자주 이용한다. 부산에서 함양 시외버스터미널로 와 다시 마천면으로 가는 버스를 탄다. 어떤 사람들이 이 버스를 이용할까? 당연히 주민들이다. 그런 답변을 기대한 게 아니다. 버스를 이용하면 이용할수록 이 버스 이용자의 90%, 아니 그 이상이 70을 넘은 어르신들이라는 것을 알게 된다. 학교에서 정년퇴직한 내 나이가 젊게 느껴지는 신비한 곳이다.

이런 말을 하니, 함양군이 대한민국에서 아주 강한 소멸위험지역이 아닌가 하는 오해가 있을 수 있다. 아니다. 소멸을 조심해야 하는 지역이기는 하지만 아직 소멸위험지역은 아니다. 그런데도 이 버스에는 10대 20대의 젊은이가 거의 보이지 않는다. 내가 착각한 것일까? 함양에도 고등학교가 있으니, 이들도 언제 어디선가는 버스를 이용하지 않을까?

당연히 반론이 돌아온다. 서울 종로구 인사동의 탑골 공원을 가 보라느니, 평일 부산의 10시 전후 지하철을 타 보라느니 하는 말이 들린다. 틀린 말은 아니다. 그곳에 가보면 대한민국이 늙어가고 있다는 사실을 절실히, 정말 절실히 느낀다. 하지만 우리는 알고 있지 않은가? 출퇴근 시간 서울과 부산의 지하철은 출근하는 직장인으로 미어터지고, 서울의 홍대 앞이나 부산의 부산대, 부경대, 경성대 앞에서는 수많은 젊은이들을 볼 수 있지 않은가?

이곳 함양에는 이 젊은이들이 너무 귀하다. 내가 지리산을 보러 자주 오가는 마천면의 마을에서는 20, 30대는커녕 40대의 장년마저 보기 힘들다. 버스를 타고 내리는 저 어르신들의 굽어진 허리와 등. 앞에는 보자기 등에는 배낭을 메고 조심조심 발을 떼는 저 어르신들. 정해진 정류소가 아니더라도 손만 들면 그냥 가볍게 버스

를 타고 내릴 수 있는 시내버스의 주 고객인 저 어르신들.

10년만 지나면 무슨 일이 일어날까? 저 어르신들이 어느 날 이 세상 소풍을 끝내고 다른 곳으로 가버리면 함양읍에서 인월을 거쳐 마천면으로 이어지는 시외버스 같은 시내버스는 그대로 유지될 수 있을까? 지금은 함양군이 이 버스 노선을 유지하기 위해 상당한 행정력과 예산을 사용하고 있지만, 이 어르신들마저 버스를 이용하지 않게 되면 어떤 일이 벌어질까?

아, 젊은 사람들을 보는 경우가 없지는 않다. 함양군 마천면은 지리산의 백무동 계곡과 칠선계곡을 끼고 있고, 벽소령으로 가는 길에 접해있다. 신기하게도 서울과 이곳 마천면에는 직행 고속버스가 운행되고 있다. 지리산을 등산하려는 서울과 수도권 사람들을 위한 배려다.

봄, 여름 혹은 가을이면 알록달록한 등산복과 등산 스틱으로 무장한 수도권 사람들이 이 마천면을 휘젓는다. 그 원색의 향연. 그보다 더한 감동은 모처럼 맞이하는 젊은 남녀들의 모습이다. 함양의 마천면도 이 서울과 수도권의 등산객에 많은 부분을 의존한다. 서울과 수도권이라는 식상한 이분법을 떠올리지 않더라도 어쩔 수 없이 느끼게 되는 이 쓸쓸함.

함양읍에서 마천면으로 오는 버스를 타면 항상 착각 아닌 착각을 한다. 위에서 잠시 언급했지만, 회춘하는 약을 먹고 젊어지고 있다는 착각. 버스에 탄 모든 승객 중에서 내가 제일 젊으니까 그런 생각을 할 수 있는 게 아닐까? 그러고 보니 나도 틀렸다. 아무리 그래도, 버스를 운전하는 기사 아저씨가 가장 젊다.

함양은 무엇으로 먹고사는가

'인산가는 각성하라!'

'청정 지리산을 오염시키는 인산가와 함양군은 각성하라!'

어느 산업단지 대기업의 노동쟁의를 묘사한 말이 아니다. 남원 인월에서 함양군청으로 가기 위해선 삼봉산 일대를 지나가야 하는

데, 그 삼봉산을 살짝 지나 함양읍으로 본격적으로 접어들기 시작할 때쯤 시커먼 배경에 하얀 글씨로 인산가와 함양군을 함께 성토하는 현수막이 보는 사람의 마음을 섬뜩하게 했다.

인산가. 죽염으로 유명한 함양군의 향토기업이다. 코스닥에 상장되어 있고, 2022년에 335억 원의 매출액, 47억 원의 당기순이익을 올렸다. 일본의 핵 오염수 방류 문제로 한때 낙양의 지가가 오르듯 주가가 오르기도 했다. 그 인산가는 기업의 획기적인 발전을 위해 '인산가 항노화 융복합 지역특화 농공단지'를 기획했다. 단순히 죽염을 만드는 기업에서, 이 농공단지를 발판으로 항노화抗老化 웰빙을 지향하는 글로벌 헬스케어 기업으로 발전하겠다는 꿈을 가지고 있다.

하지만 지역특화 농공단지가 들어설 지리산 팔령골의 주민들은 이 농공단지가 지리산의 자연을 파괴할 것이라며 지속적으로 반대해 왔다. 당연히 공사는 난항을 거듭하고 있었다. 그러다가 2022년 12월 마지막 날 민관협력의 중재로 1년 8개월간 이어진 갈등을 종료할 수 있었다. 이제 함양 유일의 글로벌 지향 기업 인산가의 미래는 밝은 것인가?

지방소멸을 막고, 지방을 발전시키기 위해서는 좋은 일자리를 만드는 것이 가장 중요하다. 일자리가 없으면 아무것도 아니다. 아직 중소기업에 불과하지만 농공단지를 조성해 죽염의 생산량이 확대되고, 특화단지가 한국과 전 세계의 죽염과 힐링 수요를 흡수할 수 있다면 함양군으로서도 손해 보는 일은 아니다. 일자리가 늘어나고 관광객 증가로 인한 수입도 기대할 수 있다.

관광객 증가? 그렇다. 이 특화단지는 단지 죽염의 생산량만을 늘리는 것이 목표가 아니다. 죽염의 생산과정을 직접 지켜볼 수 있는 체험장, 죽염과 관련된 박물관을 지어 죽염 생산의 발전사를 살펴보고, 호텔 등의 시설에서 흔히 말하는 힐링을 체험할 수 있다. 그러니 당연히 관광객이 늘어난다.

하지만 팔령골 주민들의 말처럼 이 특화단지가 청정 지리산의 자연파괴와 환경오염으로 이어져서는 안 된다. 따라서 자연을 지키고 보호하면서 특화단지를 조성해야 한다는 것은 두말할 필요조차 없다. 그 갈등의 해결이 어떤 방식으로 추진되었는지 세부적 항목은 알 길이 없다.

남원시 인월면은 행정구역상 전라북도에 속한다. 하지만 지리상으로는 함양군 함양읍에 접해있어 북쪽에 있는 함양군 서상면, 안의면보다 인산가가 있는 삼봉산에 더 가깝다. 그 인월면의 추어탕집에 가면 먹는 사람의 입맛을 조절하는 조미료가 별도의 용기에 담겨 있다. 인산가에서 만든 죽염이다. 이뿐 아니다. 전국적으로 찾아보면 인산가에서 만든 죽염만을 사용하는 빵집, 음식점이 제법 있다. 그 숫자가 얼마 되지 않는다고 핀잔할 것이 아니라, 하나도 없던 상태에서 이 정도라도 죽염을 사용하는 식당과 빵집이 늘어난 것은 자랑할 만하다.

인산가에서 만든 죽염이 더 많이 팔릴 수 있다. 실제 인산가에서 만든 죽염은 그 판매처를 국내에서 국외로 확대하고 있으며, 국외의 호응도 썩 나쁘지 않다.

사실 죽염은 히말라야 소금이나 프랑스 게랑드 소금보다 덜 알려져 있을 뿐, 그 효능은 이들 못지않다. 최근 인산가는 오프라인 매장뿐 아니라, 온라인으로 판매할 수 있는 통로를 마련하고 매출 증대에 혼신의 노력을 다하고 있다. 만약 그렇게 된다면 함양군에 다양한 일자리가 만들어지고 그것은 다시 기업과 지역의 발전이라는 선순환으로 이어질 수 있다.

2019년 함양군의 GRDP는 경상가격으로 1조512억에 달한다. 인산가가 좀 더 발전해서 연 매출 1,000억 원을 달성한다면, 이는 함양군 GRDP의 10%를 차지하게 된다. 한 기업이 특정 지역 GRDP의 10%를 차지한다면 보통 일이 아니다. 게다가 지역의 특성상 인산가는 함양군 사람들에게 일자리를 제공하지 않는가?

반도체 산업을 지속적으로 발전시키기 위해 정부는 지금도 대기업인 삼성전자와 SK하이닉스에 엄청난 보조금을 지불하고 있다. 지방에 위치하고, 지방을 위해 일하고, 지방의 발전과 맥을 같이 하는 이 인산가에 대해 정부가 직접 나서지 못한다면, 함양군이라도 조금 더 지원을 해줘도 되지 않을까?

"저거 하나 사줘!"

함양에 인접한 구례의 오일장에 들러 어슬렁거리다가 동행자의 한 마디에 화들짝 놀랐다. 풀뿌리 같은 것 몇 개를 놓고 제법 비싼 가격을 붙여놓고 있었는데, 동행자는 대뜸 사달라고 한다. 알고 보니 함양에서 재배한 산양삼이었다. 알지 못하는 자의 비애. 함양에서 재배한 산양삼을 구례 장터에서 보니 몰라보았던 셈이다. 용서하시라.

함양은 산양삼에 지극정성이다. 함양의 토질에 산양삼이 맞기에 함양산 산양삼은 그 효능이 작지 않다. 함양군은 매년 9월이면 함양 산삼 항노화 엑스포를 개최한다. 지방에서 하는 그렇고 그런 축제를 생각하면 안 된다. 함양의 자랑인 상남공원을 옆에 두고, 산양삼과 관련해 생각할 수 있는 모든 행사가 개최된다. 함양에 사는 주민만 참가하는 것이 아니다. 항노화라는 제목이 암시하는 것처럼, 웰빙과 노화 방지라는 시대적 흐름을 잘 아우르고 있어, 외지 사람들이 소풍 오는 기분으로 참가한다. 정말 축제다. 함양 마천면의 지인 사장님은 대뜸 말한다.

"내가 산양삼을 키운다고 하는 말은 아니야. 먹어봐요. 정말 몸에 좋아요."

자랑인지, 권유인지, 마케팅인지 아니면 이 전부인지 알지 못한다. 하지만 손님을 접대하는 그분 사무실의 커피는 인산가에서 만든 죽염 커피다.

지리산과 덕유산. 함양군을 포함한 지방이 매달릴 수밖에 없는 산업이 관광산업이다. 함양은 그 유명한 지리산과 덕유산을 끼고 있기에 관광산업에 집중할 수밖에 없다.

지금은 전국이 고속도로와 KTX로 사통팔달四通八達을 자랑하지만, 서울에서 보면 오지 중의 오지인 이곳 함양의 지리산과 서울을 직통으로 연결하는 고속시외버스가 있다면 다들 놀란다. 함양군 마천면의 백무동 계곡과 동서울, 남서울 그리고 안양과 부천. 이들 사이를 많게는 하루 여덟 차례 직행버스가 운행한다. 함양군 마천면 주민의 편의를 고려한 것이 아니다. 서울에서 지리산을 등반하려는 사람들을 위한 배려, 그 등반객들을 대상으로 한 사업이다. 기차로 남원으로 내려와 다시 지리산으로 가는 번거로움을 보며 사업의 아이템을 잡은 것이다. 코로나 팬데믹으로 한동안 뜸했지만, 이제 이 시골 동네에 알록달록한 등산복을 입은 서울 사람들로 넘쳐나는 모습이 눈에 훤하다.

함양 북쪽에 위치한 대봉산에는 대봉산 휴양밸리가 조성되었다. 그 휴양밸리에는 모노레일, 집라인, 캠핑장 그리고 자연휴양림이 마련되어 있다. 산을 누비는 모노레일, 산 정상에서 아래로 향하는 집라인, 피톤치드가 넘치는 산속의 숙소는 도시 사람들에게 로망이다. 나만 그런 줄 알았다. 마천면에 사는 형님 내외분도 대봉산 휴양밸리로 놀러 가는 날 살짝 들떠 있었다.

"아니, 함양 사람이 함양에 놀러 가는데 뭐가 그렇게 좋아요?"

"예끼, 이 사람아. 대봉산 휴양밸리는 우리 집에서 북쪽으로 한참 가야 해. 그리고 우리 그런 것 타 본 적 없어."

남북으로 길게 뻗은 함양의 지세로 볼 때 대봉산은 마천면에서는 북쪽으로 한참 가야 한다.

우울한 이야기 하나. 지리산 일대에 케이블카가 만들어질지 모른다. 그러면 남원, 구례, 함양 일대에 영향을 미치게 된다. 아직 조성이나 노선이 결정된 것은 아니다. 과거에도 케이블카 조성이 논의되다가 환경문제로 반려된 적이 있다. 그때의 불씨가 꺼지지 않고 다시 살아난 셈이다.

'과연'이라는 질문을 던진다. 과연 케이블카가 만들어지면 이 지역의 소득이 늘어나고, 산업이 발전하고, 주민이 늘어날까? 지방발전이란 미명하에 사실상 지방의 근거지를 박탈하는 이런 사업이 왜 다시 추진될 기미를 보일까? 아무리 생각해봐도 그것은 이곳 주민들의 염원 혹은 기대가 아니라, 소수의 사업가 혹은 제대로 앞뒤를 가리지 못하는 철부지 지역 행정가들의 실적 과시용으로 시작된다는 인상을 지울 수 없다.

마천의 형수는 말한다.

"내가 잘 먹고 잘살자고 하는 말이 아니야. 케이블카가 만들어지면 외지 사람들이 많이 찾아올 테고, 그러면 그 일대 사람들 살림살이가 조금이라도 나아지지 않겠어?"

아, 외지 사람들. 먹고 사는 문제!

함양에서 산다는 것

거래하는 은행에 들를 일이 있어 함양군청이 있는 함양읍에 갔다. 사실 늘 온라인이나 모바일로 거래하기 때문에 오프라인 은행에 들를 일은 별로 없다. 하지만 OTP 카드를 바꾼다거나 이체금액 한도를 늘리기 위해서는 오프라인 은행에 들러야 한다.

점포가 없었다. '혹시' 하는 마음이 없었던 것은 아니지만 '역시' 하고 체념하는 마음이 되었다. 찾아보았다. 제법 많은 지역에 4대 시중은행(KB국민, 신한, 하나, 우리은행) 점포가 하나도 없었다. 4대 시중은행이 없는 지역은 매우 다양한 기초자치단체를 포함하고 있지만, 예상과 같이 이들 지역 모두 소멸위험지역이거나 소멸우려지역에 속한다. 너무 단적인 표현이지만, 없어질 지역에 구태여 은행 점포를 개설할 이유가 없다. 조금 고상하게 말하면, 농촌 지역

〈표 19〉 4대 시중은행 점포가 없는 기초자치단체(2022년 6월 기준)

광역시도	기초자치단체
인천	옹진군
강원	고성군, 양구군, 평창군, 화천군, 횡성군
충북	괴산군, 단양군, 보은군, 영동군
충남	청양군
전북	고창군, 무주군, 순창군, 임실군, 장수군, 진안군
전남	강진군, 고흥군, 곡성군, 구례군, 담양군, 보성군, 신안군, 영광군, 완도군, 장흥군, 진도군, 함평군
경북	고령군, 군위군, 봉화군, 성주군, 영덕군, 영양군, 울릉군, 청도군, 청송군
경남	고성군, 남해군, 산청군, 의령군, 창녕군, 하동군, 함안군, 함양군, 합천군

자료: 〈경향신문〉, 2022년 9월 20일

영업점의 효율성이 지극히 낮기 때문이다. 돈벌이가 안된다는 것이다.

조금 지역을 넓혀 보자. 4대 은행의 인구 10만 명당 점포 수를 보면, 서울이 12.5개로 제일 많다. 그다음으로 대전 5.9개, 인천 5.4개, 세종 5.0개, 경기 4.8개 순이다. 역시 서울과 수도권에 집중되어 있다. 대전과 세종은 수도권이 아니라는 지적이 나올 수 있다. 모두 알고 있지만, 세종과 대전은 세종이라는 행정복합도시 때문에 이미 '사실상 수도권'에 포함된다. 그러니 지방으로 갈수록 은행의 점포 수는 줄어든다.

오프라인 점포는 고령자에게 더 필요하다. 온라인과 모바일을 이용한 은행거래는 낯설고, 오랫동안 손에 익은 통장 거래가 든든하다. 화면에 찍힌 예금보다 손으로 만질 수 있는 통장에 찍힌 금액을 봐야 은행에 돈을 맡긴 기분이 든다. 악순환이다. 고령층이 많은 지역에 오프라인 점포는 더 필요한데, 그런 지역은 은행으로서는 돈이 안 되니 점포를 유지할 이유가 없다. 디지털 환경으로의 전환을 고려하더라도 대한민국에서 지방에 사는 것은 참 불편하다. 은행 하나만 봐도 그렇다.

"하루에 몇 부 안 팔려요. 세 부 팔리면 많이 팔리는 날이고, 한 부나 두 부도 팔리는 날도 많아요."

함양군 시외버스터미널은 참 작다. 시외버스 열 대만 정차해도 가득 차는 공간이다. 매표소도 그와 비례해서 작을 수밖에 없고, 그 매표소 안의 매점은 말할 필요조차 없다. 놀랍게도 그 매점 오른쪽 모서리에 신문을 팔고 있다. 많은 종류의 신문은 아니다. 〈한겨레신문〉〈조선일보〉〈동아일보〉〈한국경제신문〉 내가 본 것은 이 네 종류다.

신문이 팔릴까? 호기심을 참지 못하고 물으니 위와 같은 답이 돌아왔다. 이 작디작은 터미널의 너무도 작은 매점 한구석의 신문 가판대. 부산 사상의 시외버스터미널에도 신문 파는 데는 없다. 부산의 교통 요충지라고 할 수 있는 지하철 서면역, 연산역에서도 신

문 파는 곳을 찾기 어렵다. 진주, 구례, 산청. 지리산을 둘러싼 고을 어디에도 신문을 파는 데는 없다. 그런데 이 함양의 터미널에는?

"주위에 사시는 할머니 한 분이 신문을 사러 자주 오세요. 너무 좋아하시더라고요. 신문 가져다주는 분들이 놓아주니까 팔고 있는데, 함양 주변 지역 어느 터미널에서도 신문 파는 데는 없어요."

자랑인지, 사실을 그대로 말하는지, 매점을 지키는 사장님은 환하게 웃으며 말한다. 아무리 따져도 신문을 팔아서 수익이 날 리는 만무하지 않은가. 그것도 1부에 1000원을 받고서는 어디 자본주의 이익 생리가 들어설 틈이 있겠는가.

말을 걸어주는 과객이 그리도 반가운지, 작은 질문을 던졌는데 돌아오는 답변은 매우 컸다. 신문 3부를 '흔쾌히' 샀다. 왜 이리 기쁜 날인지.

터미널의 신문 가판대 하나를 두고 지나친 생각이라고 할 수 있다. 그렇게 생각할 수도 있다. 하지만 신문이란 뉴스를 모은 단순한 종이의 집합이 아니다. 한 지역에서 세상이 돌아가는 정도를 어느 정도 궁금해하고, 그 문화적 호기심을 어느 정도 만족시켜 줄 수 있는지, 그것을 가늠할 수 있는 하나의 척도로 생각한다.

스마트폰 시대에 웬 아날로그 감성이냐고? 스마트폰을 자신의 일부처럼 끼고 사는 사람들, 특히 젊은이들은 뉴스 기사를 잘 보지 않는다. 그들에게는 유튜브나 SNS에 올리는 콘텐츠가 더 편하고 익숙하다. 뉴스 포털의 기사를 보지 않는 것은 아니나, 조회 수를 노리는 선정적인 헤드라인을 지나가듯 일별할 뿐, 행간의 의미를 읽으려 하지는 않는다.

제비 한 마리가 봄을 약속하지 않듯, 작은 터미널의 신문 가판대가 함양의 문화적 수준이나 미래를 좌우하지 않는다. 단지, 그 작은 신문 가판대를 찾아주는 몇 분, 그것도 나이 드신 분들의 세상사에 관한 관심 혹은 지나가는 과객의 놀라움을 드러낼 뿐이다.

상상은 꼬리를 물고 이어진다. 대한민국 제2의 도시라고 하는 부산에서도 점점 사라져가는 신문 가판대. 이 지리산 근처의 함양에 마지막 명맥을 이어가고 있으나, 언제까지 신문 가판대가 유지될지는 모른다. 매점 사장님이 신문이 차지하는 자리를 다른 상품으로 바꿀 수도 있고, 매일 신문을 가져다주는 지국장 혹은 신문의 지역책임자가 변심할 수도 있고, 가장 결정적으로는 자주 신문을 사러 온다는 어르신이 어느 날 신문을 사러 오지 않을 수도 있고…. 그래서 매일 바뀌는 신문에 먼지만 가득 쌓인다면, 지나가는 과객에게 놀라움과 기쁨을 가져다준 그 가판대도 마침내 사라지지 않을까?

3

10년 뒤, 함양은 어떻게 변할까

함양 8경. 함양에서 가볼 만한 8곳을 말한다.

사람마다 호불호는 있기 마련이지만, 개인적으로는 금대지리를 함양 8경 중 최고로 꼽고 싶다. 경남 함양군 마천면과 전북 남원시 산내면에 걸쳐있는 산을 삼봉산 혹은 금대지리라고 한다. 마천면에서 땀을 흘리며 한 시간 반 정도 오르면 금대암에 오르고 그 금대암에서 고개를 오른쪽으로 돌린 순간, 감탄을 금치 못하는 비경을 접하게 된다.

금대암에서 바라보는 지리산의 비경.

그 장소를 방문할 때마다 의외로 한적한 것에 놀라곤 한다. 중창불사重創佛事를 위한 기와 기부를 위한 안내문을 제외하면, 수도하는 스님의 흔적조차 보기 힘들다. 사람의 인기척이 없는, 그래서

마음을 다시 비울 수 있는, 살아있음을 재차 경험하는 그 신비한 광경.

10년 뒤의 함양을 생각할 때면 이 금대지리의 풍경이 떠오르곤 한다. '이토록 아름다운 풍광에 사람이 없구나' 하는 생각. 사실 10년 뒤의 함양이 지금의 추세대로 인구가 계속하여 줄어든다면 다음과 같은 예측이 현실이 될 수 있다.

3만 명도 안 되는 인구
50% 이상인 노인 인구
1,500명 내외의 학생

누구는 이런 예측도 낙관적인 것이라고 핀잔을 준다. 함양이 보통 동네이던가? 서울에서 보아 좌안동(左안동), 우함양(右함양)이라고 할 정도의 선비 전통을 간직한 곳이고, 지리산과 덕유산을 끼고 있어 자연환경의 아름다움이야 말할 필요가 없는 곳이고, 가만히 지도를 보면 알 수 있는 대한민국 남쪽의 교통 요지인 곳이다. 아직 소멸위험지역은 아니라고 하지만 소멸우려지역에는 속한다. 어쩌다 이런 일이 발생하게 되었는가? 금대지리를 방문하고 내려올 때면 문득 떠오르는 말이 있다.

"산천은 의구하되, 인걸은 간데없다."

5부

지방소멸, 어떻게 막을 것인가

1
헤어질 결심

현실을 바로 보게 되면 문제 해결을 위한 실마리를 찾을 수 있다. 인구절벽, 지방소멸이라는 문제를 해결하기 위한 정부의 정책 기조는 1부에서 강조한 것처럼 다음과 같이 요약할 수 있다.

'태풍이 다가오는데 모래 속에 머리를 묻는 것'
'내가 사는 동안 문제가 심각하게 전개되지 않기를 바라는 것'
'이렇게 열심히 일하는데 나보고 어쩌라느냐는 것'

이제 이런 자기기만에서 떠나야 할 때다.

대한민국 정부가 15년이 넘는 긴 시간 동안 막대한 예산을 쏟아부은 사업이 있다. 이 사업은 거의 실패에 가깝고 앞으로도 제대로 된 성과를 기대하기 어렵다. 바로 '저출산 대책' 예산이다. 2023년 현재 0.78로 세계 최저를 기록한 대한민국 출산율이 바로 이 예산의 성과다.

1. 자기기만에서 떠나기

우리 정부가 '저출산 예산'을 처음 편성했던 2006년 이후 15년 동안 저출산 예산으로 분류된 사업의 총예산액은 결산 기준 380조2천억 원에 달한다. 2006년부터 2020년까지 태어난 출생아 수는 모두 6,261,467명이니 아이 한 명을 낳을 때마다 약 6,070만 원씩 예산이 투입된 셈이다.

저출산 대응 예산의 실상

2021년 감사원과 국회 예산정책처는 연이어 정부의 저출산 예산·사업에 대한 보고서를 작성하고, 저출산 예산은 '깜깜이 예산'이라고 지적했다. 비효율적이라는 것이다.

저출산 대책의 목표에 부합하지 않는 사업들이 저출산 대책에 대거 포함되었다. 예를 들면 단순히 창업을 지원하거나, 프로스포츠팀을 지원하거나, 대학 인문학을 강화하는 프로그램이 저출산

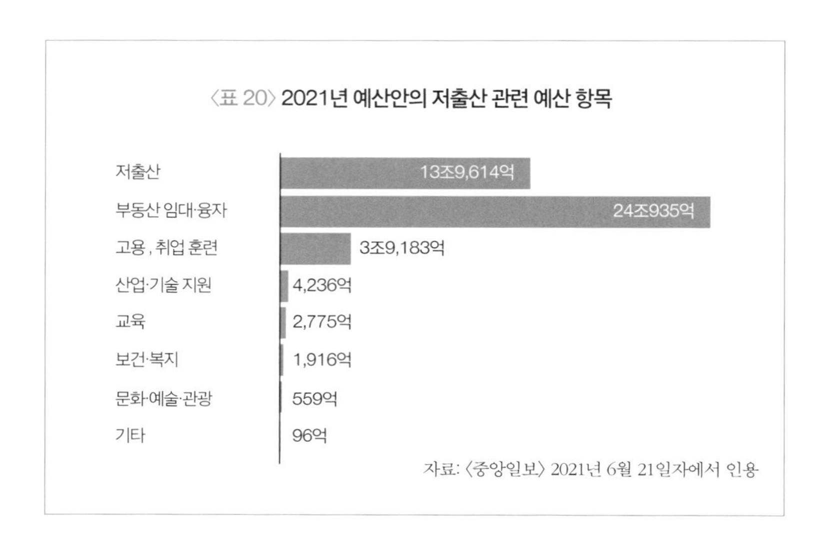

〈표 20〉 2021년 예산안의 저출산 관련 예산 항목

자료: 〈중앙일보〉 2021년 6월 21일자에서 인용

예산에 포함되었다.

〈표 20〉은 2021년의 경우, 어떤 항목들이 저출산 예산에 포함되었는지를 보여준다. 저출산과 직접적인 관련이 없는 부동산 임대, 융자 항목이 24조 원 이상을 기록하고 있다. 이 항목에 출산을 원하는 청년층에 대한 주택지원이 포함되어 있지 않다면 예산의 오남용은 심각해진다.[29]

열심히 하는 것은 나쁘지 않다. 그러나 잘못된 방향으로 너무 열심히 하면 나중에 방향을 제대로 잡기 위해 불필요한 비용을 지불

29. 출산을 원하는 청년층에 대한 주택지원이 포함되어 있다면 사용 목적을 분명히 밝힐 필요가 있다.

하게 된다.

저출산 대응 예산만 그럴까? 지방소멸을 방지하기 위한 정책을 살펴도 같은 현상을 발견하게 된다. 대표적인 것이 지방소멸대응기금이다.

지방소멸대응기금 운영의 문제점

윤석열 정부는 지방소멸을 막기 위해 지방소멸대응기금을 운영하고 있다. 지방소멸을 막겠다는 정책에 반대할 사람은 없다. 중요한 것은 정책의 실효성이다. 이 정책은 실효성이 있었을까? 2023년 지방소멸대응기금 계획 수립에 참여했던 일선 공무원들은 다음과 같이 말하고 있다.[30]

> "사람도 없고 돈도 없는 지역에 지방소멸대응기금을 주면서 계획을 잘 세우고 좋은 성과를 내라고 하는데 우리 지역은 그럴 역량이 부족하다. 그럴 역량이 있었다면 이미 뭔가를 했었을 테고, 인구감소지역으로 선정되지도 않았을 것이다."
>
> "매년 기금을 받았으니 매년 성과를 분석하고 결과만 좋은 경우에만 다음 해에 기금을 주는 게 당연해 보일 수 있지만, 인구감소나 지방소멸은 그 지역에 올해 100억을 준다고 내년에 당장 성과가 나

30. 류영우(2022, b)에서 인용.

타나기 어렵다."

"이렇게 기금을 지원했는데도 효과가 없다면 10년 후에 지방소멸 대응기금을 없애는 것은 아닌지 걱정이다. 장기적인 시각으로 투자 계획을 만들기에는 시작부터가 너무 성급하다."

이 일선 공무원들의 반응이 기금의 효과를 전적으로 드러내는 것은 아니다. 하지만 이들의 말은 지방소멸대응기금이 가지는 다음과 같은 성격 혹은 한계를 여실히 드러낸다.

첫째, 이 기금은 지방소멸의 문제 해결을 인구가 감소하는 지자체에 전가하고 있다. 정부 정책과 경제발전의 과정에서 발생한 문제 해결을 지자체에 넘기는 것은 옳지 않다. 지방소멸 문제의 해결은 정부가 국가적으로 나서야 할 문제다.

둘째, 1년 단위의 성과를 평가하고 계속적인 지원 여부를 판단하는 것은 일견 합리적으로 보이지만, 인구감소나 지방소멸은 1~2년으로 성과가 나는 사업이 아니다. 지자체는 계속 지원을 받기 위해 단기적인 성과에 매달릴 수밖에 없고, 그 경우 사업은 가시적인 하드웨어, 예컨대 무슨 무슨 센터 등 건물 건립에만 매달릴 수밖에 없다.

셋째, 너무 성급하다. 10년을 한정해서 이 사업을 시행하면 구체적인 성과가 나오는가? 지방소멸의 원인에 관한 정확한 분석도 하지 않은 상태에서, 그저 지원금 형태로 생색을 내다 10년 뒤, 구체적인 성과가 없으면 '우리는 이렇게 노력하지 않았느냐'고 자기변명의 기회만 주게 된다.

정부건, 기업이건, 개인이건 이제 모래에서 고개를 들자. 태풍이 오고 있다.

2. 당근으로 부족하다

지방소멸을 막고 지방을 발전시키기 위한 자금지원으로는 지역상생발전기금, 국가균형발전 특별회계, 지방소멸대응기금 등이 있다. 모두 비슷한 성격의 자금이다. 결론부터 말하면 이런 자금지원의 경우, 그 성과와는 무관하게(다소의 성과가 없었던 것은 아니다) 첫 단추가 잘못된 경우가 대부분이다. 그것은 다음과 같은 세 가지 이유 때문이다.

첫째, 자금지원이 지방소멸을 막기 위한 종합적인 대책이 아니라 일시적인 생색내기 용의 단편적 사업이 많다. 그것도 예산의 규모에 따라 변한다.

둘째, 정권이 바뀜에 따라 정책의 일관성을 상실하고 있다. 지방소멸 방지는 선거와 정권을 넘어 이어져야 한다.

셋째, 이들 자금지원은 대부분 인센티브 등 당근의 성격을 가진다. 지방소멸과 인구절벽을 막기 위해서는 당근과 함께 채찍의 성격도 가져야 하는데, 그런 고려가 부족하다.

이제 이 세 자금(지역상생발전기금, 국가균형발전 특별회계, 지방소멸대응기금)을 조금 자세히 살펴보자.

지역상생발전기금

지역상생발전기금은 수도권 광역자치단체(서울, 인천, 경기)가 재원을 출연해 비수도권 광역자치단체에 지원하는 기금이다. 수도권 광역자치단체가 징수하는 지방소비세의 일부를 재원으로 2010년부터 2019년까지 10년간 운영되다가, 지방소비세의 세율이 인상되고 재원이 늘어남에 따라 운용 기한이 2029년까지 연장되었다. 또, 다양한 분야에 지원되던 것이 2021년부터 기금의 용도를 4개 분야(사회복지, 농림해양수산, 산업·중소기업, 국토 및 지역개발)로 한정시켰다.

지역상생발전기금의 징수와 운용은 기본적으로 공감한다. 수도권이 비수도권의 발전을 위해 자신의 몫을 일정 부분 포기했기 때문이다. 하지만 그 가용 자원의 규모가 너무 작다. 지방소멸(인구감소 포함)이 정말 심각한 문제라면, 그리고 수도권의 발전이 비수도권의 희생으로 이루어졌다는 국민적 공감대가 형성된다면 앞으로 이 기금의 규모를 더 늘릴 필요가 있다. 중앙정부는 향후 10년

〈표 21〉 **지역상생발전기금 규모(단위: 억 원)**

구분	2013	2014	2015	2016	2017	2018	2019	2020	2021	2022
재정지원계정	3,558	3,711	1,807	1,915	2,169	2,215	2,340	2,226	2,436	2,503
융자관리계정	-	-	-	3,656	2,210	2,400	2,727	3,263	4,802	4,150
전환사업보정계정	-	-	-	-	-	-	-	35,681	35,681	45,992

자료: 행정안전부의 자료를 류영아(2022, a)에서 재인용.

〈표 22〉 **국가균형발전 특별회계 규모(단위: 조 원)**

명칭	지특회계				균특회계					
구분	2013	2014	2015	2016	2017	2018	2019	2020	2021	2022
지역자율계정	3.4	3.5	4.5	4.6	4.7	5.3	5.5	2.3	2.5	2.3
지역지원계정	6.2	5.5	5.4	4.9	4.7	4.2	4.8	6.6	7.5	8.2
제주계정	0.3	0.3	0.4	0.4	0.3	0.3	0.3	0.2	0.2	0.3
세종계정	-	-	0.1	0.1	0.1	0.1	0.1	0.1	0.1	0.1

자료: 행정안전부의 자료를 류영아(2022, a)에서 재인용.

간 수도권에 차별적인(비수도권에 우호적인) 정책을 시행해야 하고, 수도권은 이런 차별적 정책을 받아들여야 한다.

국가균형발전 특별회계

국가균형발전특별법 제30조를 근거로 하는 이 특별회계는 국가의 균형발전과 관련하여 중앙정부가 지방 자치단체의 사업을 지원하는 국고보조금의 성격을 가진다. 이 회계는 현재 지역자율계정, 지역지원계정, 제주특별자치도계정, 세종특별자치시계정으로 구분되어 운용되고 있다.

이 특별회계는 국가균형발전 혹은 지방소멸을 위한 대책으로는 가장 규모가 크다. 그러나 눈에 띄는 성과를 거두지는 못했다. 가장 큰 이유는 이 사업을 위한 정책의 일관성이 결여되었기 때문이다. 이 책에서 여러 차례 강조하고 있지만, 국가균형발전은 어느 한 정부의 성과를 높이거나, 어느 한 정부를 비판하기 위한 용도로 집행되어서는 안 된다.

지방소멸대응기금

지방소멸대응기금은 국가균형발전 특별회계와 밀접한 관계를 가진다. 대응기금의 대상인 인구감소지역이 국가균형발전 특별법 제2조 제9호에 의해 선정되기 때문이다. 이에 따르면 인구감소지역은 인구증감율, 인구밀도, 주간인구, 고령화 비율 등 8개의 지표에 의해 선정된다. 지난 2021년 10월 19일에 처음으로 89개 시, 군, 구가 선정되었다.[31]

지방소멸대응기금은 매년 1조 원씩 10년 동안 한시적으로 운영

31. 이 인구감소지역은 이 책의 1부에서 언급한 바와 같이 인구의 사회적 감소보다 인구의 자연적 감소에 더 중점을 둔다. 이런 이유로 이 책에서는 인구감소지역보다는 소멸우려지역, 소멸위험지역이라는 분류를 더 강조한다. 이런 분류는 인구의 사회적 감소라는 맥락을 중점적으로 살피기 때문이다.

〈표 23〉 **지방소멸대응기금 사업 예시**

문화·관광 분야	산책로 · 캠핑장 개발, 예술 · 공연 · 여행 프로그램 등
산업·일자리 분야	기업 유치를 위한 클러스터 조성, 청년층 창업 · 취업 지원 등
주거 분야	노후주택 · 빈집 리모델링, 골목재생사업 등
교육 분야	교육시설 건립, 청년 정착 맞춤형 교육 등
노인·의료 분야	요양병원 · 건강센터 등 운영, 건강관리사업, 의료인력 정주환경 개선 등
보육 분야	육아나눔터 · 놀이터 카페 등 보육시설 조성, 각종 돌봄 프로그램 운영 등
교통 분야	교통 약자 보행로 조성, 대중교통 인프라 구축 등
기타 분야	재난 · 안전 시스템 구축, 생활인구 확대사업 등

자료: 행정안전부의 자료를 류영아(2022, b)에서 재인용

된다. 다만, 시행 첫해에는 2분기부터 시행하기 때문에 7,500억 원으로 설정되었다.[32] 이 대응기금이 가지는 기본적인 문제점이 무엇인지는 이 기금의 배분에 참여한 공무원들의 말을 통해 이미 언급하였다.

〈표 23〉은 이 대응기금이 가지는 문제점을 사업 형태를 통해 다시 한번 확인한다. 이 표는 이 기금을 얻기 위해 각 지자체가 중앙정부에 제시한 사업들을 정리한 것인데, 이 사업들은 지방소멸을

---

32. 기금은 광역지원계정과 기초지원계정으로 구분되며 각각 전체 재원의 25%와 75%로 구성된다. 기초지원계정의 95%(7,125억 원)는 인구감소지역을 대상으로 배분하고, 나머지 5%(375억 원)는 인구감소지역으로 선정되지 않은 18개 관심 지역에 배분된다.

방지하기 위한 것이 아니라 중앙정부가 바라는 대로 사업요건을 갖추어 예산을 배정받기 위한 목적으로 만들어진 것이다. 또 하나의 나눠 먹기 사업이다.[33] 이들 사업은 대부분 하드웨어 위주의 성격을 가지고, 시간이 흐르면 해당 지자체에는 또 다른 부담으로 작용한다. 건물 등 하드웨어를 구축하면 유지비가 계속 들어가기 때문이다.

작은 결론을 내린다. 그러니 인센티브라는 당근으로는 부족하다. 중앙정부는 지방소멸의 원인에 대한 명확한 인식을 바탕으로 지방소멸을 방지하기 위한 정책적 명령을 '반 의무적으로' 내릴 수 있어야 한다. 그게 채찍이다.

3. 지역 내 이기주의

2000년 이후 정부가 구상한 광역경제권 공간전략은 여러 차례 변해왔다(〈표 24〉 참조). 일관되지 못했다는 약점은 있지만, 그 전략 자체가 의미가 없었던 것은 아니다. 가령, 제4차 국토계획과 그

33. 각 지자체는 해마다 4, 5월이 되면 국비를 확보하기 위한 전면적인 준비에 나선다. 중앙부처 예산을 담당했던 공무원을 초빙하여 어떻게 하면 국비를 많이 확보할 수 있는지 심혈을 기울인다.

〈표 24〉 2000년 이후 국토계획의 초 광역적 공간전략 변천사

구분	제4차 국토계획 (2000~2020년)	제4차 국토계획 수정계획 (2006~2020년)	제4차 국토계획 수정계획 (2011~2020년)	제5차 국토계획 (2020~2040년)
권역설정	•3개 연안축, 3개 동서축 •10대 광역권	•개방형 국토발전축 •7+1 경제권	•초광역개발권 •5+2 광역경제권	•스마트 국토 구상 •다양한 공간 형성

자료: 대한민국 정부의 국토종합개발계획 자료

수정안들은 계획대로 추진되었다면 대한민국의 지역경제, 나아가 현재의 지방소멸 문제가 한층 완화될 수 있었을 것이다. 특히 여기에 포함된 초광역개발권, 5+2 광역경제권 계획은 지금 돌이켜 보아도 대한민국의 균형발전 혹은 지방발전을 위해 좋은 계획인 것으로 평가되고 있다. 문제는 항상 계획에 그칠 뿐, 일관되게 시행되지 못했다는 것이다.

하지만 이런 초 광역적 공간발전 전략이 메가시티 구상 혹은 특별연합이라는 이름으로 거의 성공적으로 추진될 가능성도 있었다. 바로 부산·울산·경남 특별연합 사업이다. 현재까지 지자체가 주도적으로 시행한 사업 중 가장 성공 가능성이 컸고, '서울을 닮은' '서울과 맞서 겨룰 수 있는' '제2의 서울이 될 수 있는' 사업이었다. 이 사업의 경과를 조금 구체적으로 살피기로 한다.

이 사업은 부산·울산·경남의 광역단체장들이 2020년 9월에 동남권 메가시티 기본 구상안을 발표하면서 시작되었다. 당시 김경수 전 경남지사가 부산·울산·경남을 묶은 '부울경 메가시티'를 제

2의 수도권으로 육성하자고 제안한 데 따른 것이다. 역사적 동질성을 배경으로, 제조업 등 기반 산업 특성이 비슷한 3개 지자체가 국내 최초로 동남권 특별연합이라는 행정 공동체를 꾸려서 생활·경제·문화 분야에서 하나의 권역을 만들자는 것이었다.

2021년 10월, 정부는 이런 제안에 호응하여 관계 부처 합동으로 '초광역 협력 지원 전략'을 발표하였고, 이후 부울경 특별연합을 가장 먼저 지원했다. 가장 먼저 제안했으니 가장 먼저 지원하기로 한 것이다. 정부는 특별연합의 근거가 되는 규약안을 승인하였고, 그 규약안의 효력은 2022년 4월 19일 오전 0시를 기해 발생했다. 다시 말해 부산·울산·경남 특별연합은 2022년 4월 정식으로 출범했다.

문제는 늘 내부에서 발생한다. 새로 단체장에 선출된 울산시장과 경남도지사는 다음과 같은 반대의견을 제시하기 시작했다.[34]

> 김두겸 울산시장 : "메가시티는 수도권 일극화 대응을 위해 꼭 필요하지만, 어느 한쪽이 일방적으로 유리한 상태에서 추진하면 성공할 수 없다 … 지금 추진되는 방식은 울산에 이득이 없고, 부산에 끌려갈 우려가 커 전면 재검토할 생각"이라고 말했다. 또한 "원래 울산

34. 〈시사저널〉 2022년 6월호 1706호에서 인용

시민들은 김해 신공항보다 가덕도 신공항이 더 멀기 때문에 메가시티를 반대했다 … 그런데 시민 동의를 구하지 않고, 울산에 이익이 없는 메가시티를 강행하면 지방자치 정신을 훼손하는 일 … 메가시티를 정상적으로 추진하기 위해선 울산에 부산 가덕도 신공항과 경남 진해 신항에 비견될 만한 국책사업이 배정돼야 한다"고 했다.

박완수 경남지사 : "진주와 남해 등 서부 경남의 균형 발전 전략이 포함되어야 하기 때문에 메가시티는 재협상되어야 한다 … 특별연합 추진에 앞서 두 가지 문제가 사전에 정리돼야 한다. … 경남 발전에 어떤 도움이 될 것인지와 서부 경남 도민들의 우려를 어떻게 불식시킬 것인가를 어느 정도 정리해야 한다"고 말했다.

2023년 2월 3일. 부산시 상임위원회를 통과한 부울경 특별연합(메가시티) 폐지 규약안이 본회의에서 최종 의결되어 이 특별연합은 사실상 무산되었다. 부산시는 마지막까지 이 특별연합의 시행을 기대했으나, 울산과 경남이 2022년 12월 이 규약을 폐지한 상황이라 형식상 그 뒤를 따랐다. 대한민국이 설립된 이래, 정부의 제도적, 예산적 지원을 받는 서울과 수도권에 맞설 수 있는 '최초의 메가시티 구상'은 이렇게 역사의 뒤안으로 사라졌다.

무어라 변명을 해도 좋다. 하지만 그 이면에는 지역 이기주의라는 큰 장애물이 존재함을 부인할 수 없다.

4. 지방분권이라는 허울

지방소멸, 국가균형발전을 연구하면 반드시 만나게 되는 단어가 있다. 지방분권이다.

지방소멸을 방지하고 국가균형발전을 위해 지방분권이 필요하다는 주장에는 공감한다. 당연히 그렇게 되어야 한다. 그러나 사람의 일과 정책에는 순서가 있다. 지금 지방분권이 지방소멸을 위한 해결책이 되어서는 안 된다. 조금 시간을 두고 기다려야 한다.

복잡한 논의 대신 이 분야를 연구해 온 마강래 교수의 말을 인용한다.[35]

> "지금 상태에서의 분권은 풀뿌리 민주주의를 망칠 수 있는 위험한 정책이다. 가난한 도시를 더욱 가난하게 하고, 심지어는 망하게까지 할 수 있다. … 분권이 제대로 작동하기 위해서는 지역 간 격차가 크지 않아야 한다. 달리 말하면, 권한을 넘겨받을 지방의 '공간적 단위'가 중요하다. 분권을 위해선 '격차가 크지 않은' 공간적 단위를 고민해야 한다. … 그러니 지방분권은 균형발전의 대안이 될 수 없다. 현재 진행 중인 지방의 위기를 해결할 수도 없다, 아니, 지방을 위험하게 만들 뿐이다."

---

35. 마강래(2018)에서 인용.

5. 서울대 10개 만들기?

수도권과 비수도권 격차의 원인이 대학 문제라는 점에서 이 문제의 해결을 위해 '서울대 10개 만들기'라는 정책이 필요하다고 김종영 교수는 주장한다. 비수도권에 서울대와 같은 대학 10개 정도가 필요하다는 주장에는 공감한다. 하지만 서울대와 같은 대학 10개가 만들어진다고 수도권과의 격차가 줄어들까? 부산대의 경우를 두고 조금 자세히 살펴본다.

> "부산의 국립대인 부산대와 부경대가 통합하여 정부가 3,600억 원의 추가지원을 하고 이름을 서울대나 한국대로 바꾼다면 순식간에 연고대 수준의 대학이 된다."[36]

김종영 교수는 서울대 10개 만들기의 한 전략으로 위와 같은 방안을 내놓았다. 대한민국의 고질적 양극화를 해소하기 위해서는 전국에 서울대 수준의 대학을 10개 만들어야 하고, 그 전략의 일환으로 부산에 창조계급을 만들 수 있는 세계적인 대학이 필요하다는 것이다.[37]

---

36. 김종영(2021), p. 283 인용.

부산대학교가 김종영 교수의 말대로 서울대학교 부산 캠퍼스(혹은 한국대학교 부산캠퍼스)의 형태로 통합되고, 이른 시일 내에 연고대 수준의 대학이 되는 것이(그래 봐야 1970년대의 부산대로 돌아가는 것이지만) 대한민국의 미래를 위해 바람직하지 않은 것은 아니다. 하지만 그 이른 시일은 최소 10년 이상이 될 것이며, 대한민국 사회의 양극화 구조를 근원적으로 해체하거나 수정하지 못한다면, 서울대학교 부산캠퍼스는 여전히 지방에 위치한 지방대를 벗어나지 못할 것이다.

물론 비관주의자라는 비판을 받을 수도 있다. 하지만 생각해 보자. 서울대학교 부산캠퍼스를 졸업한 학생들이 부산에서 직장을 찾지 못하면 다시 서울로 올라갈 수밖에 없고, 창조적인 인재 하나만을 바라보고 부산에 내려온 기업들이 경영에 필요한 도시 인프라의 부족에 절망한다면, 그 기업들은 다시 서울로 갈 수밖에 없다. 대학 개혁 혹은 통합은 단순히 그 하나로 대한민국의 불균형을 시정하거나 지방소멸을 방지할 만병통치약은 되지 못한다.

2023년 현재 교육부는 RISE Regional Innovation System & Education 라는 '지

---

37. 이 제안은 '대학통합네트워크'라는 제안을 한 정진상 교수의 최소주의자 버전이다. 김종영 교수는 대학통합네트워크 학파는 대학 개혁의 범위와 방향에 따라서 최대주의자, 입시파, 최소주의자로 나눌 수 있는데, 자신은 개혁의 실현 가능성 측면에서 서울대 10개 만들기를 최선의 방책으로 제시한다. 자세한 것은 김종영(2021) 6장을 참고.

역혁신중심 대학지원체계' 구축계획을 밝히고 있다. 그 주요 내용은 다음과 같다. 1) 지자체가 대학과 실수요에 기반한 사업을 진행하도록 해 지역과 대학을 함께 지원한다. 2) 기존 대학 재정지원 방식을 직접 지원에서 지자체가 직접 육성할 대학을 선정하는 간접 지원으로 전환한다. 3) 2023~2024년에 5개 내외 비수도권지역에 약 5,000억 원 규모 시범사업을 진행하도록 한다.

두 가지 측면에서 진일보한 사업이라 평가한다. 지역과 대학을 함께 지원하겠다는 것, 대학 재정지원 방식을 지자체 중심으로 전환한다는 것. 하지만 지역혁신을 핵심 정책으로 제시하고, 대학과 지역을 결합하면서 기업은 포함하지 않은 것은 천려일실千慮一失이다.

지역혁신이라는 개념은 오랫동안 지역발전의 모델로 주장되어 왔지만, 실제 효과는 검증되지 않았다. 또, 대학과 지역을 결합하면서 가장 중요한 기업의 존재를 배제한 것은 정책 시너지를 반감시킨다. 그 결과 5,000억 원이라는 예산, RISE와 함께 제시된 30개 글로컬 대학 육성이라는 정책은 단순히 말해 '또 하나의 예산 나누기' 성격이 너무 강하다. 또, 실질적인 효과를 기대하기에는 대학에 지원하는 재정지원의 규모가 너무 작다.

이런 주장의 핵심은 '서울대 10개 만들기' 혹은 계획이 전혀 필요 없다는 말이 아니다. 핵심은 다음과 같다. 10개의 서울대 혹은 RISE 대학과 시너지를 주고받고, 그런 대학에서 졸업하는 학생에게 좋은 일자리를 제공해 주는 기업이 근거리에 있어야 한다. 즉, 그런 기업과 대학이 시너지를 만들 수 있는 사회적 여건을 조성해 주는 지자체와 정부의 조력이 있어야 한다. 이런 핵심적인 사항이 충족되지 않으면 그런 대학을 졸업한 학생들은 일자리를 찾기 위해 다시 수도권으로 갈 수밖에 없고, 지방으로 내려온 기업들은 다시 기업 인프라가 완비된 서울로 갈 수밖에 없다.

달리 말해, '서울대 10개 만들기'는 '좋은 기업 함께 하기'와 동시에 시행되어야 한다. 또, 그렇게 하기 위해서는 지자체와 중앙정부의 정책적 노력 역시 함께 이루어져야 한다. 당연한 말이지만, RISE 계획 그리고 글로컬 대학 육성정책은 이런 맥락 아래에서 재조정되어야 한다.

6. 국가균형발전과의 작별

역대 정부가 나름대로 국가균형발전을 위해 노력해 온 것을 폄훼하는 것은 아니지만, 그 노력에 몇 가지의 의문을 가진다. 가장 큰 의문은 다음과 같은 것이다. 왜 정부가 바뀔 때마다 정책의 기조가 바뀌어야 하나?

국가균형발전에 대한 평가

이런 의문을 기반으로 우선 이런 정책들에 대한 일차적인 평가를 살피기로 한다. 이 문제를 연구해 온 윤소연(2022)은 지금까지의 국가균형발전정책의 문제점을 다음과 같이 말한다.

"그동안 정부는 자원재분배에 의한 균등 발전보다 지역적 경쟁력을 강화하는 특화 발전을 지원해 왔으나 실질적으로는 공간적, 재정적으로 분산된 정책추진 방식으로 인해 막대한 지원에도 불구하고 효과적인 결과를 창출하지 못하였고 … 부처별 공모사업 위주의 지역산업 육성 방식으로 인해 정책, 사업 간 연계성이 확보되기 어려웠고, 사업 선정 및 추진 과정에서 자율성이 제한되어 지역이 자생적인 혁신생태계를 구축하는 데 한계가 존재한다."

현재의 윤석열 정부 역시 국가균형발전 국정목표·비전과 약속을 다음과 같이 천명하고 있다.[38]

국정목표 : 대한민국 어디서나 살기 좋은 지방시대

국가균형발전 비전 : 어디에 살든 균등한 기회를 누리는 공정, 자

38. 대통령 직속 국가균형발전위원회 홈페이지의 '국가균형발전'에서 인용.

율, 희망의 지방시대

국가균형발전 약속 : 1) 진정한 지역주도 균형발전 시대의 개화, 2) 혁신성장기반 강화를 통한 지역의 좋은 일자리 창출, 3) 지역 스스로 고유 특성을 창출

어디를 봐도 구체적인 실천계획은 보이지 않는다. 미안하지만 과거 정부의 정책과 실질적 차이를 찾기 어렵다. 그래서 이런 결론을 내린다. 앞으로 효과적인 지방소멸 대책을 수립하기 위해, 혹은 넓은 의미의 대한민국 발전을 위해 '국가균형발전'이라는 단어를 사용하지 않기로 한다. 이유는 단순하다.

첫째, 오랜 기간 유사한 기조로 이 정책이 추진되었지만, 정부가 바뀔 때마다 연속성을 유지하지 못하여 정책의 성과가 그다지 성공적이지 못했기 때문이다.

둘째, 역설적으로 앞으로는 대한민국은 국가의 균형적 발전을 추구하지 않아야 대한민국이 장기적으로 발전할 수 있기 때문이다. 사실 두 번째 이유가 더 크다.

다음 장에서 제시하는 '고양이 목에 방울을 다는' 정책은 한국의 비수도권에 더 집중적인 지원을 해야 한다고 주장한다. 그래서 국가균형발전이라는 단어의 뜻과 일치하지 않는다. 수도권을 차별하기보다는 비수도권이 마땅히 누려야 할 관심과 지원을 지금부터라

도 받아야 한다는 것이다. 그래서 앞으로는 국가균형발전이 아니라 비수도권을 위주로 한 국가비균형발전 전략이 필요하다.

혁신도시와 공공기관 이전

공공기관의 지방 이전과 혁신도시의 조성은 어느 정도의 성과를 가져왔다. 김태환 외(2020)는 그 효과를 다음과 같이 말한다.

> "공공기관 지방 이전은 수도권과 비수도권의 인구가 역전되는 시점을 약 8년 정도 늦추는 효과를 가져왔다(2011년에서 2019년으로). … 하지만 수도권의 인구가 혁신도시로 이동하는 추세는 2015년 정점을 기록한 후 감소 추세로 접어들었다. 혁신도시로 유입되는 인구는 수도권에서 유입되는 인구보다(16%), 인근 모도시에서 유입되는 비율이 더 높았다(51%)."

무슨 말일까? 부분적인 성과가 있기 때문에 몇 가지 정책적 보완을 한 뒤 계속 추진할 필요가 있다는 이야기다. 정책적 보완? 무엇을 두고 하는 말일까? 한 가지 사례를 들자.

최근 현 정부에서 추진되고 있는 산업은행의 부산 이전을 두고 여러 가지 다른 주장이 나오고 있다. 산업은행의 부산 이전 그 자체는 대한민국의 균형발전을 위한 작은 발걸음이 될 수 있지만, 산업은행의 부산 이전이 본사만 부산으로 이전하고, 서울에 두는 지점이 실질적인 핵심 기능을 수행한다면 부산 이전의 효과는 감소할 수밖에 없다. '울며 겨자 먹기'로 부산에 내려온 직원들은 주말만 되면 서울로 올라갈 것이며, 부산으로의 가족 이전을 위해 제시한 아파트 특별공급은 또 하나의 재테크 수단이 될 수 있다. 직원들의 자녀가 다닐 부산권의 대학이 서울에 있는 대학보다 못하다면, 이 직원들이 굳이 부산에 정착할 아무런 이유를 발견할 수 없다. 정권이 바뀐다면 사실 이런 산업은행의 부산 이전 자체가 무산될 가능성도 있다.

무슨 말일까? 산업은행이라는 공공기관 하나만 단발성으로 부산으로 이전하는 것은 정책의 효과를 반감시킨다. 공공기관 이전이 효과를 발휘하기 위해서는 산업은행과 연관된 기업이 부산으로 이전해야 하고, 부산으로 내려온 산업은행 직원의 자녀가 다닐 수 있는 서울 수준의 대학이 존재해야 하고, 그런 대학을 졸업한 자녀들이 부산 인근의 좋은 기업에 직장을 구할 수 있어야 한다. 또, 부산으로 내려오는 직원들이 서울과 비슷한 정도의 문화적 수준을 유지할 수 있도록 부산의 도시 인프라가 서울 수준이 되어야 한다.

같은 결론에 도달한다. 고양이 목에 방울을 다는 방향은 기업, 대학, 공공기관이 동시에 정부와 지자체의 협의 하에 지방으로 이전하는 것이다.

2
고양이 목에 방울 달기

고양이 목에 방울을 다는 이 책의 결론은 이후에 제시하는 '대하방정책(대학, 기업, 공공기관을 수도권 이남으로 동시에 이전하기)'이다. 하지만 이것은 문제의 해법인 동시에 새로운 문제의 제기이기도 하다.

1. 통일과 독립의 방울 달기

비유적으로 말하는 것이 현실을 제대로 파악하고, 해결 방안을 정확하게 제시할 수 있다. 고양이 목에 방울을 다는 정책은 대한민국이 직면하고 있는 또 하나의 분단을 극복하기 위한 통일 방안을 제시하는 것이고, 서울과 수도권의 식민지가 된 비수도권을 해방시키기 위한 방안을 제시하는 것이다.

지방소멸의 시급성 인식 : 우선순위 정하기

고양이 목에 방울을 달 정책이 시급하다. 그렇지만 이런 정책보다 더 시급한 것이 있다. 지방을 살리지 못하면, 서울과 수도권으로의 집중을 막지 못하면, 대한민국이 망한다는 인식에 공감하는 것이다.

정책을 만들기 전, 예산을 배분하기 전, 지금 우리 자신이 서서히 뜨거워지는 물에서 헤엄치는 개구리와 같다는 사실을 인식해야 한다. 아직은 따뜻한 물이지만, 온도가 오르고 물이 끓으면 개구리는 죽고 만다. 당장 급하지는 않지만 지금 어떤 조치를 취하지 않으면 우리에게 미래는 없다. 서울과 수도권으로의 집중이 어느 순간 정점에 이른다면 풍선처럼 터질 수밖에 없다. 따라서 첫 번째 우선순위는 지방 살리기가 되어야 한다.

이런 인식에 공감해야만, 거국적인 인식의 전환이 이루어져야만, 고양이 목에 방울을 달기 위한 예산을 확보하고 사용할 수 있다. '지금 먹고살기도 바쁜데 무슨 지방 살리기냐' '나만 아니면 돼' 같은 인식이 바뀌지 않는다면 지방을 살리기 위한 비수도권 우선 정책에 반대가 일어날 수밖에 없다.

두 번째 우선순위는 저출산 대책과의 관계다. 지방소멸을 방지하고 수도권과 비수도권의 균형을 회복시키는 것이 인구절벽을 방지하고 인구를 증가시키는 정책보다 앞서야 한다.

저출산 대책을 통해 인구를 증가시키는 것이 급선무처럼 보이지만 수도권과 비수도권의 균형을 회복시키는 정책 없이 인구만 증가시키는 정책을 취한다면, 그것은 현재 진행되고 있는 수도권 일극주의一極主義를 더 강화하게 된다. 늘어난 인구는 직장을 구하기 위해, 살아남기 위해, 재테크를 위해 서울로 서울로 몰릴 수밖에 없다.

저출산 대책이 필요 없다는 말로 이해해서는 안 된다. 지방소멸을 방지하는 정책을 우선순위에 두고, 그와 조화를 이루면서 저출산 대책을 시행해야 한다. 또 하나. 수도권과 비수도권의 균형을 이루는 정책은 그 자체로 인구를 늘리는 효과를 가진다. 포화상태에 이른 수도권에 사는 사람들은 그 포화상태가 시사하는 무한 경쟁 효과 때문에 자녀 가지기를 꺼린다. 자기 한 몸 건사하기도 힘든데, 자녀 가지기를 바라는 것은 연목구어이기 때문이다.

당근과 채찍

저출산 대책이건, 지방 살리기 정책이건 정책의 핵심기조는 인센티브 부여라는 당근이었다. '중앙정부가 내려보내는 지침에 맞는 사업을 시행하면 이런 예산지원을 하겠다'라는 것이 핵심이었다. 여기에는 두 가지 문제가 있다. 첫째, 정부가 제시한 정책 지침의 정확성에 관한 것이다. 그 지침 자체가 일종의 면피용(정부는 '열심히 하고 있다'라는 자기만족) 성격이 없지 않다. 둘째, 그래서 사실상 저출산과 지방 살리기의 책임을 지자체로 떠넘기는 성격을 가진다. 결국, 당근만 주고 손을 놓아버린다.

그런 이유로 당근과 함께 채찍이 필요하다. 지방 살리기, 저출산 극복이라는 목표를 위해서는 당근보다는 오히려 채찍이 더 필요하다. 중앙정부가 책임을 져야 한다는 말이다. 거듭 강조하지만 당근성 정책은 당근을 받는 지자체에 책임을 전가한다. 중앙정부가 정책의 시작부터 결과까지 전 과정을 책임지기 위해서는 채찍이 필요하다. 지방 살리기와 저출산 극복은 당근만으로는 해결되지 않기 때문이다.

채찍의 성격이 필요한 것은 고양이 목에 방울 달기 정책의 핵심인 세종시 이남으로 내려갈 대학, 기업을 결정하는 것과 관련이 있다. 당근을 제시하는 것으로 소멸위험지역이나 소멸우려지역으로 내려갈 기업이나 대학이 결정되지 않을 경우, 제도와 법을 바꾸어 정부가 채찍의 형태로 이들에게 세종시 이남 지역으로의 이동을 명할 수 있어야 한다. 필요할 경우, 어떤 비판을 받더라도 해야 할 정책은 제대로 시행되어야 한다.

정권 뛰어넘기

지방 살리기와 저출산 극복은 5년 혹은 10년 이상의 긴 시간을 필요로 한다. 최소한 10년 이상 지속될 정책이 아니라면 그냥 이대로 지내는 것이 나을 수 있다. 조변석개朝變夕改식의 정책은 문제를 오히려 더 악화시킨다.

이런 문제를 예방하기 위해서는 지방 살리기와 저출산 극복 문제를 전담할 독립기관이 필요하다. 이 기관은 대통령 직속이 아니라, 정부의 변화와 관계없이 유지될 수 있는 기관이어야 한다. 정부조직법의 개정을 통해 이런 기관을 확보할 수 없다면 원 포인트 헌법 개정을 통해서라도 이런 기관을 설립해야 한다.

예산, 정책, 집행 등 모든 부문에서 정부의 변화와는 관계없는 연속성이 보장되어야 하고, 오직 국민에 대해서만 책임을 지는 기관이어야 한다. 지금의 심각한 저출산이나 수도권과 비수도권의 격차가 어느 정도(이 정도는 국민 합의에 의해 정해야 한다) 해소되는 지점에서 이 기관이 담당하는 모든 기능은 일반적인 정부부서로 이관될 수 있다.

더블 트랙

하늘 아래 완전히 새로운 것은 없다. 고양이 목에 방울 달기 정책도 지금까지의 성과와 한계를 고려하여 제시한 것이지만, 현재와 과거의 정책에서도 좋은 점이 있으면 적극 반영할 필요가 있다.

고양이 목에 방울 달기 정책의 핵심은 "중앙정부와 지자체의 협의를 바탕으로 '기업, 대학, 공공기관을 동시에 이전'하는 것"이다. 이 정책이 가지는 원래 의도대로 충실히 시행된다면 대한민국은 제2의 번영을 구가할 가능성이 높아진다.

이 정책과 함께 현재 시행되고 있는 정책 중에서 수정 보완하여 다시 추진되면 좋을 정책도 있다. '특별연합' 정책이 그것이다. 다음 절에서 자세히 설명되겠지만 전자의 정책이 위에서 아래로 내려오는 것이라면, 후자의 정책은 아래에서 위로 올라가는 성격을 가진다.

그래서 더블 트랙의 성격을 가진다. 이 더블 트랙은 부인하건 부인하지 않건 '또 하나의 서울 만들기' '전국의 수도권화' '서울 5개 만들기'의 성격을 가진다. 이제 모든 국민이 서울과 수도권과 같은 인프라를 누릴 때가 되지 않았는가?

마지막 수단 : 수도 이전

이 책에서 제시되는 정책이 추진되지 못하거나, 여러 이유로 그 효과가 나오지 않을 경우, 대한민국이 취해야 할 마지막 수단은 하나밖에 없다. 그것은 대한민국의 수도를 이전하는 것이다.

이런 제안은 하고 싶지 않다. 그것은 수도 이전이 쉽지 않은 문제이기도 하지만 현재 사실상 새로운 수도 역할을 할 수 있는 세종시가 아직 완성되지 않았기 때문이다. 사실 세종에 행정도시를 건설하려 할 때 격렬하게 반대한 바 있다. 지방대 한 교수의 반대 소리는 거대하고 도도한 흐름에 어떤 균열도 내지 못했다. 반대의 이유는 명확했다. 세종시의 건설은 수도 서울의 이전이 아니라 사실상 '서울과 수도권의 확장'에 불과했기 때문이다. 지금 세종시를 두고 흘러가는 추이를 보라. 서울에서 세종까지 거대한 수도권이 만들어지는 중이다.

세종시와 전혀 성격이 다른 새로운 수도를 건설해야 한다면 대한민국의 수도는 더 남쪽으로 이전해야 한다. 영남이 아닌 호남이어야 하고, 전북이 아닌 전남이어야 하고, 대도시가 아닌 중소도시여야 하고, 수도를 건설하기에 충분한 저렴한 토지를 확보할 수 있는 지역이어야 한다. 마지막은 오지 않았기에 수도 이전의 논의는 멈추는 것이 바람직하다.

2. 아래로 : 대 하방정책

지방소멸을 방지하기 위해, 대한민국의 미래를 위해 가장 시급한 정책은 다음과 같은 대 하방정책을 시행하는 것이다. 대 하방정책은 기업, 대학, 지자체, 정부가 함께하는 정책 패키지Policy Mix이다. 그 주요 내용은 다음과 같다.

대 하방정책의 내용

■ 기본방향

- 대학과 기업 그리고 관련 공공기관을 수도권 이남으로 "함께(동시에)" 이전하게 하는 대국민 약속임.
- 기업은 수도권 이남으로의 이전을 통해 해당 지역에 일자리를 창출함.
- 대학은 수도권 이남으로의 이전을 통해 그 지역의 기업, 지자체와 함께 기업의 혁신 활동을 지원하고, 기업이 필요로 하는 고급 인력을 제공하고, 그 결과 수도권으로 몰리는 젊은이들의 현지 정착을 유도함.
- 정부는 기업과 대학이 수도권 이남으로 이전할 수 있게 하는 유인을 제공. 이 유인은 당근과 채찍이라는 이중 구조를 가져야 함. 정부는 또 관련 공공기관의 수도권 이남으로의 이전을 더 가속화해야 함.
- 지자체는 이전하는 기업과 대학이 필요로 하는 부지를 제공하고(무상 혹은 저렴한 가격), 기업과 대학, 공공기관의 이전에 따른 도시 인프라를 민간과 협력하여 제공함.

■ 이전 지역의 선정

- 기본적으로 이전하는 대학과 기업이 자율적으로 선정하도록 함. 하지만 가급적 소멸위험지역과 소멸우려지역을 선택하도록 정책적 인센티브를 제공함.
- 소멸위험지역으로의 이전에 가장 많은 인센티브를 제공하고, 소멸우려지역으로의 이전에 그다음으로 많은 인센티브를 제공함. 기타지역으로 이전할 경우에도 기본적인 인센티브를 제공함.
- 가급적 세종시 이남의 지역을 선정하도록 유도함. 세종시는 이미 '사실상의 수도권'에 속하기 때문에 세종시 이남 지역으로의 이전이 바람직함.

■ 기업

- 해당 지역으로 이전하는 기업에는 기본적으로 상속세를 면제하도록 하고, 10년간 법인세를 면제하도록 함. 소멸위험지역으로의 이전에는 법인세 10년간 전액 면제, 소멸우려지역으로의 이전에는 법인세 5년간 전액 면제하도록 함.
- 기업은 해당 지역으로 이전하려는 대학과 반드시 패키지를 구성해 함께 이동해야 함. 가령 삼성물산과 성균관대학교가 협약을 구성하여 함께 이전해야 함. 그렇게 해야 대학과 기업의

협업, 연구개발, 인력공급, 혁신지원 등의 활동이 가능함.

- 이전 기업은 KOSPI 상장기업이어야 하며 시가총액 1조 원 이상인 기업을 선호함. (이 기준은 추후 조정 가능함)
- 해당 기업 종업원의 80% 이상이, 5년 내에, 그 지역에 정착해야 함. 해당 지역에서 출산할 경우, 별도로 정한 출산지원금, 출산장려금을 지급함.

■ **대학**

- 대학은 기업과 협의하여 패키지를 구성해 함께 이전해야 함. (글로컬 대학처럼 지방대학도 이 패키지에 참여할 수 있어야 함. 그럴 경우에도 해당 대학은 기업, 정부, 지자체와 유기적으로 협의해야 함.)
- 해당 대학은 반드시 서울에 위치한 대학이어야 하며, 정책 효과를 고려하여 SKY 대학 중 하나는 반드시 포함해야 함.
- 이전하는 대학에 대해서는 10년간 1조 원(매년 1,000억 원)의 정책 자금을 지원함.
- 5개 내외의 대학(최소 3개, 최대 7개)이 이전하도록 함. 이전하는 대학의 수는 기업과 협의하는 정도에 따라 조정이 가능함. 하지만 대학에 1조 원에 달하는 실질적인 지원이 이루어지도록 이전 대학 수를 조정하는 노력이 필요함.

- 이전 대학은 해당 기업에 취업이 보장되는 산학연계 학과를 반드시 개설해야 하며, 대학과 기업이 유기적으로 연결되는 제도적 장치를 구비해야 함. 이 제도의 구비를 위해서는 해당 지자체의 노력이 필요함.
- 해당 대학 종사원의 80% 이상이, 5년 내에, 그 지역에 정착해야 함. 해당 지역에서 출산할 경우 별도로 정한 출산지원금, 출산장려금을 지급함.

■ **해당 지자체**

- 해당 지자체는 이전하려는 기업, 대학과 사전협의체를 구성하여 기업의 이전을 위한 부지, 대학의 유치를 위한 부지 조성에 적극 협력해야 함. 해당 부지는 별도의 산업단지를 조성하거나, 필요한 경우 중앙정부의 협조하에 그린벨트를 해제하는 것도 고려해야 함.
- 해당 지자체에 기업과 대학의 이전에 충분한 토지가 없는 경우, 중앙정부와의 협의 하에 인근 지역과 공동으로 기업과 대학의 이전을 유도할 수 있음. 이 경우, 대학과 기업에 주어지는 인센티브가 축소되어서는 안 됨.
- 해당 지자체는 기업과 대학의 이전에 따른 주택 수요, 도시 인프라 수요, 생활 수요를 고려하여 중앙정부에 적절한 예산 지

원을 요청할 수 있음. 이 예산지원은 현재 시행되는 지방소멸 대응기금을 원용하여 사용하도록 함. 즉, 해당 정책이 시행될 경우 현재와 같은 방식의 지방소멸대응기금 운용은 중단하도록 해야 함.

■ **중앙정부**

- 중앙정부는 이 사업의 시행에 있어서 집행과 관리, 평가를 책임져야 함. 이 말은 중앙정부가 모든 사업의 세부적인 사항을 관리 감독한다는 의미가 아니라, 모든 구체적 집행을 해당 지자체에 이관하되, 사업의 큰 흐름에 대해서만 개입 조절한다는 것을 의미함.
- 예컨대, 중앙정부의 역할은 다음과 같이 예시할 수 있음: 사업의 초기에 세종시 이남으로 이전하는 대학과 기업을 선정하거나 이들에게 적절한 인센티브를 주는 역할. 역량이 부족한 지자체가 중앙정부에 도움을 요청할 경우, 적절한 컨설팅 기능을 제공하는 역할. 도시 인프라와 문화 인프라 조성에 필요한 제도적 보완, 수정이 필요한 경우에 도와주는 역할.
- 10년 뒤, 중앙정부는 해당 기업과 대학이 어느 정도의 구체적 성과를 거두었는지 평가하고 그 평가에 따라, 1) 향후 일정 기간(이 기간은 당시의 상황에 따라 조절 가능, 5년 혹은 그 이상) 계

속하여 지원하는지, 2) 지원금이 적절하게 사용되지 않았거나 종업원 상시 거주 약속 등이 지켜지지 않았을 경우, 엄격한 페널티의 적용. 이것은 정부가 당근뿐 아니라 채찍도 제공한다는 것을 의미하는데, 이 채찍의 적용은 엄격히 이루어져야 함. 단, 이전과 같이 1~2년의 성과에 국한하는 것이 아니라 10년 단위의 기간을 두고 장기적으로 이루어져야 함.

- 이를 위해 이 정책을 관할하는 지속적인 별도의 정부기관이 창설되어야 함.

대 하방정책과 관련한 몇 가지 고려 사항

이 정책은 지방소멸을 방지하고 그와 함께 위기에 처한 출산율을 제고하기 위한 근본적인 처방 성격을 가진다. 이 정책과 관련하여 추가적인 논의가 필요한 사항들은 다음과 같다.

- 이전에 동의하는 대학이 나올 수 있는가?
- 이전에 동의하는 기업이 나올 수 있는가?
- 너무 많은 대학이나 기업, 너무 적은 대학이나 기업이 나올 경우에 어떻게 할 것인가?
- 인프라를 이유로 소멸위험지역이나 소멸우려지역이 아닌 기존 대도시 인근으로 이전을 고려할 경우, 어떻게 할 것인가?

- 이에 따르는 재원을 어떻게 조달할 것인가?
- 현재 시행중인 공공기관 이전과 어떻게 조화를 이룰 것인가?
- 저출산 대책, 출산 장려 정책과 어떻게 조화를 이룰 것인가?
- 지자체의 지원 기능이 현격하게 떨어질 경우, 이 문제를 어떻게 할 것인가?

한 술에 배부를 수 없다. 천리길도 한 걸음부터다. 이 정책은 해법이기도 하지만 문제의 제기이기도 하다. 일단 이런 문제를 다 함께 논의하면서 차근차근 풀어가려는 노력이 필요하다. 지금 중요한 것은 완벽한 정책을 만들어 내는 것이 아니라, 목표를 향해 의견을 모으며 시작하는 것이다.

3. 위로 : 대 상방정책

이 정책은 부산과 같은 기존의 대도시들이 지방소멸의 추세 속에서 살아남고, 장기적으로 발전하기 위한 정책을 말한다. 대 하방정책과 조화를 이룬다는 측면, 그리고 수도권 이남 도시들의 상향 발전을 의도한다는 측면에서 '대 상방정책'으로 부르기로 한다. 이 정책의 기본기조는 역설적이게도 '서울 같은 도시 만들기' 혹은

'수도권 같은 지역 만들기'로 요약할 수 있다.

특별연합 재추진

앞서 특별연합이 왜 중요한지, 부울경 특별연합이 어떤 과정을 거쳐 무산되었는지 살핀 바 있다. 이 특별연합은 지금까지 시행된 정책 중에서 수도권과 비수도권의 격차를 줄이고, 그 결과 지방소멸을 방지하거나 그 정도를 줄일 수 있는 가장 바람직한 정책으로 보인다. 해당 지자체 스스로의 자발적 판단으로 논의에 참여하고, 그 구상에 대해 중앙정부가 예산과 제도로 화답하고, 그 특별연합의 정책 범위가 실로 광범위했기 때문이다.

좋은 정책을 다시 시행하지 못할 이유가 무엇인가? 고양이 목에 방울 달기의 더블 트랙 전략으로서 이 특별연합을 재추진하기를 권고한다. 이미 대전과 세종시, 충남과 충북 4개 시도가 충청권 특별연합을 출범시키기 위해 2023년 1월 협의체를 구성하고 본격적인 논의에 들어갔다. 현 정부도 이 특별연합에 대해 전폭적인 지지 의사를 밝힌 바 있다. 이 정책연합은 전국적으로 3~4개의 권역을 만들어 추진하는 것이 바람직하다. 광역경제권 구상이기에 너무 많은 광역경제권 형성은 오히려 정책의 지연과 효과의 미비로 연결될 수 있다.

부산, 울산, 경남은 형태상 대한민국 제2의 도시를 포함하고 있다는 점에서 특별연합의 효과가 가장 크게 나타날 수 있는 지역이다. 그래서 부산과 울산, 경남을 인구 1,000만 명 이상의 광역경제권(메가시티)으로 발전시키기 위한 부울경 특별연합을 다시 추진하기를 권고하고 싶다.

부울경 특별연합은 현재 780만 명이 채 되지 않는 3개 시도의 인구를 2040년까지 1,000만 명으로 늘리고, 지역 내 총생산 491조 원에 달하는 메가시티로 성장한다는 목표를 가지고 있다. 광역교통망, 지역발전, 물류, 산업단지의 조성, 자유 도시권의 설정, 관광지구의 조성, 문화를 위시한 광역 인프라의 재조성 등 어디 하나 빠지는 부분이 없다. 대도시, 중도시, 소도시, 농어촌을 아우르는 복합적인 계획이다.

앞서 본 바와 같이 이 특별연합은 부산, 경남, 울산 등 3대 지자체에 의해 공식적으로 폐기되었다. 묻고 싶다. 다시 시작하면 안 될까? 이런 정책을 왜 폐기했을까? 감상적인 소회일 수 있다. 이 특별연합이 공식적으로 폐기되던 날, 주변 지인들은 이구동성으로 이렇게 말했다.

"이런 정책을 폐기한 정치인들은 다음 선거에서 표로 말해줘야 해. 누구 좋으라고 이런 정책을 폐기하는가?"

이런 정책이 폐기되었다는 사실을 일반 시민들은 정확히 알지 못한다. 정책의 성격도 알지 못할뿐더러, 사실 일상적인 생활 문제들이 급하기 때문이다. 낙담하거나 후회할 필요는 없다. 모든 발전은 앞서거니 뒤서거니 하면서 이루어지기 때문이다. 충청권 특별연합의 발전을 지켜보며 다시 한번 부울경 특별연합이 시작되길 바란다. '부산의 미래는 전혀 없다'고 낙심하는 지인들의 말이 틀렸다는 것을 증명하고 싶다.[39]

지금 당장, 앞으로 10년!

이 책에서 제시된 정책 방향이 완벽한 것은 아니고 수정 보완할 점이 있을 것이다. 수정 보완할 것이 있으면 어떤가? 지금 우리에게 시급한 것은 시간이다. 출산율 0.78. 눈앞에 다가온 지방소멸. 지금 시작해야 한다. 그리고 성과가 눈에 띄지 않더라도 최소 10년은 기다려야 한다.

지방에 살아 우물 안 개구리처럼 세상 넓은 줄 실감하지 못하고, 마음에 드는 직장을 찾지 못해 울며 겨자 먹기로 서울과 수도권으로 향하는 우리의 젊은이들, 치솟는 집값과 육아비용에 결혼과 출산을 포기하고 단칸방에서 힘겹게 살아가는 우리의 젊은이들, 늘

39. 이런 자발적인 추진이 효과가 없다면 정부는 '채찍의 성격'을 빌려 3개 지자체에 특별연합을 시작하도록 명령할 수 있다. 아니 필요하면 명령할 필요도 있다.

어가는 고령인구로 건강보험과 국민연금을 차갑게 바라보는 우리의 젊은이들. 그들에게 희망을 주고, 늘어가는 고령층 역시 웃으며 대한민국의 미래를 그들에게 맡길 그날을 꿈꾸자.

대한민국, 망하지 않는다.

희망이 있다.

서울을 중심으로 한 메가시티 논쟁을 보며

I.

2003 서울에서 부산으로 내려온 뒤, 4~5년간 부산의 경제적 실상을 알아갈수록 알 수 없는 분노가 차오르기 시작했다. 1975년에 부산을 떠날 때와는 너무도 다른 실상을 보며 머리와 가슴의 괴리를 느꼈기 때문이었다. 그 막막함을 아직 기억한다. 다행히 언론에 칼럼을 연재하는 것으로 부산의 실상과 발전 가능성에 대한 그 막막함을 어느 정도 떨칠 수 있었다.

- 도시국가 부산
- ICT 중심 메가시티

부산의 발전을 위한 내 아이디어는 두 가지 방향으로 연결되어 있었다.

먼저 도시국가. 외람된 말이지만, 서울에서 내려온 국외자의 눈으로 보기에는, 부산 시청에서 부산 발전을 위한 정책을 준비하는 분들은 서울 중심적 사고에 휘둘리고 있었다. (예산을 따기 위해 어쩌할 수 없는 측면도 있다). 그분들이 계획한 정책과 예산은, 부산의 실상을 머리로만 이해하는(이건 참 중요하다) 중앙부서를 해바라기처럼 바라보는 방식이었다. 자율성이 부족했다.

그런 면면들은 마침내 '도시국가 부산'이라는 아이디어로 연결되었다. 생각의 근거는 단순하다. 도대체 부산이 싱가포르보다 못할 이유가 무엇인가? 왜 항상 서울과 중앙을 의식해야 하는가? 부산의 유력 일간지 〈국제신문〉의 부장에게 이 아이디어를 전했고, 그분은 이 아이디어를 대대적인 기획기사로 만들어 공론화했다. 이 기획기사는 당시 높은 평가를 받았다. 하지만 그 또한 밀려오고 가는 파도의 한 자락에 불과했다. 무력했다. 선배의 배려로 우연히 중앙 일간지에 부산의 실상을 소개할 기회를 얻었고, 거기에 이런 무력함을, 지인의 말을 빌려, 다음과 같이 토로했다.

"차라리 독립이나 해 버려!"

그 지인의 말은 일리가 있었다. 지금의 기장에 해당하는 해운대

옆 동쪽 해안을 100년간 외국기업에 임차해주고, 그 돈으로 공항과 항만을 만들면 왜 안 되는가? 부산항을 통과하는 환적화물에 대대적인 부가 서비스를 제공하는 별도의 부두를 만들고, 그 운영권 역시 외국기업에 100년간 임대하면 왜 안 되는가? 인구가 줄어드는 영도에 차라리 공영개발 방식으로 대규모 위락공원을 설치하고, 부호들을 상대로 한 초호화 거주지를 개발·분양하면 왜 안 되는가? 그러니 부산은 독립해야 한다.

그 칼럼 아래에 달린 댓글을 아직 기억한다.

"대학교수가 지방의 독립이나 주장하고…"

독립이라는 단어는 다소 감정적인 면이 없지 않다. 그래서 오랫동안 칼럼을 연재하던 부산의 유력 일간지 〈부산일보〉의 마지막 칼럼에는 부산의 발전을 위한 현실적인 아이디어를 내놓았다.

ICT 중심 메가시티.

한 지방 도시의 발전은 디지털 경제의 발전, 4차산업혁명이라는 시대의 흐름과 전혀 무관할 수 없다. ICT 산업과 보조를 같이해야 한다. 하지만 막대한 자본이 들기 때문에 반도체, 디스플레이와 같은 ICT 제조업 분야를 육성하기는 힘들다. 그래서 후발 도시는 데이터 센터, 소프트웨어, 통신, 컨텐츠와 같은 ICT 서비스 분야에 특화하는 것이 바람직하다.

여기서 그쳐서는 안 된다. 부산은 울산, 경남과 상생하며 그 구심점 역할을 할 수 있는 메가시티로 발전해 나가야 한다. 여기서 메가시티의 아이디어가 나왔다. 하늘 아래 새로운 것이 어디 있겠는가? 앞 장에서 이야기한 부울경 특별연합이 바로 이 메가시티의 연장선이다. 그 메가시티라는 단어를 2024년을 앞두고 다시 보게 되었다.

Ⅱ.

2024년의 총선을 바라보는 2023년 가을 그리고 겨울. 느닷없이 김포시를 서울 김포구로 편입하고 서울의 영역을 확대해 나가자는 메가시티 서울론이 언론의 지면을 장식하기 시작했다.

길게 말할 필요가 없다. 이 메가시티 서울론의 목적이 무엇인지는 길을 가는 삼척동자에게 물어도 안다. 김포시민이 찬성한다는 여론조사를 앞세우지만, 김포시민이 반대한다는 여론조사도 있다. 경기도민 10명 가운데 6명 이상이 김포 등 서울 근접 중소도시의 서울 편입에 반대한다는 여론조사 결과가 2023년 11월 12일에 나왔다. 리얼미터가 경기도의 의뢰로 18세 이상 경기도민 3,004명을 대상으로 진행한 여론조사에서 김포 등 서울 근접 중소도시를 서울시로 편입하는 것에 대해 66.3%(매우 반대 53.1%, 반대하는 편 13.2%)가 '반대한다'라고 답했다. 서울 편입 논란의 시발이 된 김포시의 찬성 의견은 36.3%로 동두천시 다음이었다. 김포시의 반대 의견은 61.9%였다. (자세한 내용은 〈연합뉴스〉 2023년 11월 12일 기사 참조)

전국을 대상으로 한 여론조사에서도 메가시티 서울론에 그리 높은 점수를 주지 않았다. 한국갤럽이 2023년 11월 7일부터 사흘간 전국 유권자 1001명을 대상으로 김포시를 서울로 편입하는 것에 대한 생각을 물은 결과, 응답자의 55%가 '좋지 않게 본다'고 답했다. '좋게 본다'는 응답은 24%에 그쳤고, 21%는 의견을 유보했다. (자세한 내용은 〈뉴시스〉 11월 10일 기사 참조)

아니 백번을 양보하여 김포시민이 찬성한다는 여론조사가 메가시티 서울 추진의 근거라면, 부산을 독립시키자는 부산 시민의 여론이 압도적이라면 부산을 독립하게 내버려 둘 것인가?

메가시티 서울론이 한창일 무렵, 한 모임에서 지인 한 분은 또 한 번 울분을 토해낸다.

"차라리 서울만 따로 독립하라고 해!"

과거 10여 년 전 내가 언급한 부산의 도시국가와는 결을 달리하는 서울공화국 주장이다. 재미있다. 일부 언론이 주장하는 것처럼 서울을 중심으로 한 메가시티가 세계적 경쟁력을 가진다면 차라리 독립해 나가라는 것이다. 그래서 혼자서 잘 살라는 얘기다. 이런 감정적인 언사가 문제의 해결책이 될 수 없고, 그것이 대한민국의 발전을 위한 상책이 아니라는 것을 다들 알고 있다. 하지만 자조와 실망이 극에 달하면 '차라리 독립하든지 아니면 독립해 나가라'는 말이 나올 수밖에 없다.

그래서 우스운 말이지만 메가시티 서울 운운하는 분들과 매체에 다음과 같이 말하고 싶다. 제발 정신 차리시라고. 서울을 메가시티로 만들면, 일부의 주장처럼 서울이 세계적인 경쟁력을 가질지 모른다. 하지만 그것은 이웃은 먹을 밥이 없어 죽어가고 있는데, "우리라도 밥을 충분히 먹고 잘 먹고 잘살면 안 되느냐?"라고 말하는 것과 같다. 말한다고 표현했지만, 그것은 비아냥대는 것이다.

III.

2024년을 맞이하는 대한민국 앞에는 정말 큰 과제가 놓였다.

일본 언론은 대한민국 피크론(Korean economy is at the peak)을

말하고 있다. 한국 피크론이란 한국의 경제 성장이 사실상 정점을 맞이했으며, 앞으로는 긴 정체 또는 쇠락에 접어들 수 있다는 예상이다. 이를 뒷받침하는 근거는 고령화로 인한 잠재 성장률의 감소다. 2023년 11월 13일, 일본 경제 매체 〈머니1〉은 '한국은 끝났다'라는 제목의 기사를 게재했다. 매체는 "한국 언론에서 중국 경제를 두고 '피크 차이나'라는 용어를 쓰지만, 한국은 다른 나라를 걱정할 때가 아니다."라고 꼬집었다. 매체는 '한국 피크론'을 내세우며 그 근거로 해마다 감소하는 한국의 국내총생산(GDP) 성장률 자료를 내놨다. 한국의 GDP 성장률은 1980년대에 평균 8.88%를 기록했지만, 이후 1990년대에는 7.30%, 2000년대에는 4.92%, 2010년대에는 3.33%, 2020년대에는 1.9%로 떨어졌다. (자세한 내용은 〈아시아경제〉 2023년 11월 14일 기사 참조)

한국의 경제 성장이 끝나가고 있다는 것이다. 잘 나가는 한국에 대한 시샘이라고 폄하할 일이 아니다. 0.78을 거쳐 0.7 아래로 향하는 출생률, 눈앞에 다가온 초고령사회, 노동인구 감소와 생산성 감소, 1%를 향해 곤두박질하는 경제성장률, 비대를 넘어 폭발의 임계점을 향해가는 서울과 수도권, 몰락하는 지방.

일본 언론의 시샘 어린 주장에 전적으로 동조하는 것은 아니지만, 대한민국은 비상을 넘어 위기 상황이다. 서울의 확장을 말할 때가 아니라 대한민국의 지속적 발전을 위해 대대적인 구조조정을 해야 할 시점이다.

그 구조조정은 인구 정책을 전면적으로 바꾸는 것으로 시작해야 한다. 이 책에서 일관되게 주장하고 있지만, 단순히 인구를 늘리는 것만으로는 충분하지 않다. 인구를 늘리는 것도 매우 어려운 과제지만, 그 과제를 효과적으로 풀어서 인구가 늘어난다 해도, 그 인구가 다시 서울과 수도권으로 몰린다면 백년하청百年河淸이다. 여러 번 강조했지만, 지금 서울과 수도권은 점점 온도가 올라가는 물 안에서 헤엄치는 개구리와 같다. 당분간 따뜻한 물에서 유쾌하게 생활할지 모르나, 물이 끓으면 개구리가 어떻게 될지 불 보듯 뻔하다. 메가시티 서울을 주장하는 언론, 서울시 그리고 혹 그런 주장에 슬며시 동조하는 듯한 중앙정부에 말하고 싶다. 제발, 제발 정신을 차리시라고.

아무리 생각해도 지방을 살리는 것이 우선이다. 그래야 임계점에 달한 서울과 수도권이 숨을 쉴 수 있고, 서울에서의 삶에 실망하고 좌절한 젊은이들에게 지방의 새로운 삶을 꿈꿀 여유를 줄 수 있고, 아파트값으로 대표되는 서울과 지방의 경제적 양극화를 완화할 수 있는 지름길을 열 수 있고, 장기적으로는 통일을 대비하는 방책을 마련할 수 있다. (지방이 발전해야 북한도 혜택을 볼 수 있다. 서울에서 보기에는 북한도 지방이다.)

Ⅳ.

이 글을 쓰는 지금 정부는 지방의 10개 대학을 '글로컬 대학'으로 지정하고 5년간 국고 1,000억 원을 지원하기로 했다. '글로컬 대학' 사업은 지역과의 동반 성장을 이끌어 갈 대학에 국립대학 육성 사업 등 '일반 재정 지원 사업' 예산을 집중 투입하는 정책이다. 2023년 10곳에 이어 오는 2026년까지 비수도권 총 30곳을 '글로컬 대학'으로 지정한다. 2023년 '글로컬 대학' 본 지정 대학은 강원대, 강릉원주대, 경상국립대, 부산대, 부산교육대, 순천대, 안동대, 경북도립대, 울산대, 전북대, 충북대, 한국교통대, 포항공대, 한림대 등 10곳이다. 하지만 고등교육계에서는 '글로컬 대학'에 선정되지 못한 나머지 대학들을 모조리 말살시키는 정책이라는 불만의 목소리가 나오고 있다. (2023년 11월 14일자 언론 기사 참조)

이들 대학에 5년간 총 1,000억 원을 지원하여 캠퍼스와 지역산업체 사이의 벽을 허물고 미래형 신도시를 구축한다고 한다. 필자가 속한 부산대도 여기에 선정되었다. 그렇지만 마냥 좋아할 일은 아니다. 미래형 신도시를 구축하기 위해 이들 대학에 1년간 200억 원을 지원한다고? 이런 조치로 지방대학의 통합과 구조조정은 가속화될지 모른다. 하지만 그렇게 한다고 해서 지역의 산업과 대학이 함께 성장하는 미래형 신도시가 만들어지는가? 설사 만들어진다 해도 젊은이들이 가고 싶어하는 고급 일자리가 없고, 대기업과 관련 산업을 유치할 수 있는 도시 인프라가 없다면 그런 신도시는 지속 가능하지 않다. 이런 목적을 위해서라면 선정 대학 수를 10개가 아니라 4~5개로 줄이고 5년에 1,000억 원이 아니라, 1년에 1,000억 원 정도를 10년 정도 지원해야 겨우 흉내라도 낼 수 있지 않겠는가?

거듭 말하지만, 지방대학을 재정적으로 지원하는 것으로는 부족하다. 지방대학을 육성하고(글로컬 대학 선정), 대기업이 지방으로 내려오도록 하고(고급 일자리의 공급), 공공기관도 함께 이전하는(관련 도시 인프라의 확충) 방책을 강구해야 하지 않겠는가? 핵심은 이 모든 것이 '동시에' 이루어져야 한다는 것이다(이 책에서 말하는 '대하방정책'이다). 이런 정책의 실현이 얼마나 어려운지 안다. 중앙 언론과 서울과 수도권의 여론은 이런 정책에 결코 호의적이지 않다.

문제는 정부다. 대한민국의 미래를 위해, 정부는 '어른스럽게' 언론과 서울과 수도권을 설득하고, 주저하는 지방을 달래면서 팔을 걷어붙여야 한다. 메가시티 서울을 주장하는 그런 자가당착적인 정책에 대해서는 단호하게 중지 명령을 내리고, 지방을 살리는 '불균형성장전략'이 필요하다고 외치면서 앞장서야 한다. 지금 그렇게 하고 있는가?

V.

그러니 메가시티 서울론을 대하는 심정은 딱하기 그지없다. 다시 말하고 싶다. 제발 제발 정신을 차리시라고.

메가시티 서울론을 앞에 두고 무슨 거창한 주장이냐는 핀잔이 나올 수 있다. "서울을 메가시티로 만들면 분명히 세계적인 경쟁력이 있는데, 경제학자가 무슨 철부지 주장을 하느냐?"라는 반론도 있을 수 있다. 그저 웃는다. 백번 양보하여 메가시티론에 대해서만 말하자면, "메가시티는 서울이 아니라 부산, 대구, 광주, 전주 등 지방 도시를 중심으로 추진하는 게 맞다."

참고문헌

- 국토교통부(2023), "지방소멸 위기극복을 위해 5개 중앙부처 손을 맞잡다", 국토교통부, 2023년 1월.
- 김동균(2020), 〈지방재정 건전성 강화를 위한 교부금 제도의 개선 방안〉, 연구보고 20-20-1, 한국법제연구원, 2020년 6월.
- 김미향(2022), 〈탈서울 지망생입니다〉, 서울, 한겨레출판, 2022년 4월.
- 김민채(2012), 〈더 서울〉, 경기도 파주, ㈜북노마드, 2012년 6월.
- 김선배, 이상호, 송우결(2022), "국가균형발전정책 추진 동향과 신 국가균형발전 전략", 2022 국가대도약과 새로운 균형발전을 위한 정책 세미나 발표자료, 산업연구원, 2022년 2월.
- 김종영(2021),〈서울대 100개 만들기〉, 서울, 도서출판 살림터, 2021년 12월.
- 김태환, 민성희, 김은란, 서연미(2020), "혁신도시 15년의 평가와 미래발전전략", 국토정책 Brief, 2020년 8월.
- 김현우, 이준영(2022), "수도권 비수도권 발전격차와 정책방향", 〈KIET 산업경제〉 2022년 7월, 세종, 산업연구원.
- 류영아(2022, a), 〈지방소멸대응기금의 도입 및 향후 과제: 중장기적 정책과 거점전략화〉, 국회 입법조사처, 2022년 6월.
- 류영아(2022, b), "지방소멸대응기금의 도입현황 및 향후 발전방안 ", 〈지방세논집〉, 제9권, 제2호, 한국지방세학회, 2022년 8월.
- 마강래(2017), 〈지방도시 살생부〉, 경기도 고양, 도서출판 개마고원, 2017년 10월.
- 마강래(2018), 〈지방분권이 지방을 망친다〉, 경기도 고양, 도서출판 개마고원, 2018년 11월.
- 박관규, 주윤창(2022), "지방소멸대응기금제도의 비판적 분석", 분권레터 2022년 3월.
- 박경현, 이윤석, 허동숙, 최예슬(2021), "국토균형발전을 위한 초광역 연계 발전전략", 국토정책 Brief, 2021년 6월.
- 유승훈(2013), 〈부산은 넓다〉, 경기도 파주, ㈜글항아리, 2013년 10월.
- 윤소연(2022), "국토균형발전정책의 진단과 개선방안", 지방자치 정책 Brief, 2022

년 8월.
- 이영민(2022), 〈시군구별 노인 인구 및 총인구변화와 시사점〉, 국토이슈 리포트 71호, 세종, 국토연구원, 2022년.
- 이철우(2022), 〈여기에 함양이 있다〉, 경남 거창, ㈜서부경남신문, 2022년 1월.
- 차미숙(2020), 〈인구감소시대 활력있는 지역사회 구현 방향: 일본의 제2기 마을 · 사람 · 일자리 창생전략〉, 국토이슈 리포트 22호, 세종, 국토연구원, 2020년.
- 차미숙, 김승종, 남기찬, 민성희, 서연미, 김수진, 이보경, 최예슬, 조은주, 이은구(2021), 〈지방소멸 대응 대책 수립 연구〉, 세종, 행정안전부, 2021년.
- 차미숙, 최예슬, 조은주(2022), 〈지방소멸 위기 대응 추진사례와 시사점〉, 국토이슈 리포트 52호, 세종, 국토연구원, 2020년.
- 차미숙, 최예슬, 조은주(2022), "지방소멸 대응 정책방향과 추진전략", 국토이슈 리포트 57호, 세종, 국토연구원, 2022년.
- 행정안전부(2022), "인구감소 위기 극복 지방소멸대응기금 최초 배분", 행정안전부 보도자료, 2022년 8월.
- 함양군(2023), 〈2023 한눈에 보는 함양군 인구시책〉, 함양군, 2023년.
- 함양군, 〈함양군 통계연보 2021〉, 함양군, 2022년 4월.
- 허문구 외(2022), 〈지방소멸 시대의 인구감소 위기 극복방안〉, 경제인문사회연구회 협동연구보고서, 세종, 경제인문사회연구회, 2022년.
- Florida, Richard(2018), 안종희 옮김, 〈도시는 왜 불평등한가〉, 서울, 매일경제신문사, 2018년 12월.
- KIET 산업경제(2022), "K-지방소멸지수 개발과 정책과제: 지역경제 선순환
- 메커니즘을 중심으로", 〈KIET 산업경제〉2022년 10월, 세종, 산업연구원.

국제신문
경인일보
경향신문
나무위키 홈페이지

네이버
농민신문
뉴스위크
대통령 직속 국가균형발전위원회 홈페이지
대한민국 정책 브리핑
매일경제신문
메디컬타임즈 홈페이지
문교부 홈페이지
부산일보
부산시 홈페이지
시사저널
연합뉴스
안동인터넷 뉴스
장성투데이
파이낸셜뉴스
중앙일보
조선일보
청년의사 홈페이지
통계청 홈페이지
한겨레신문
한국경제신문
한국농어민신문
한국일보
한국은행 홈페이지
함양군 홈페이지
행정안전부 홈페이지

폭발하는 서울, 소멸하는 지방

대한민국 소멸보고서

초 판 1쇄 인쇄 2023년 12월 10일
1쇄 발행 2023년 12월 15일

지은이 김기홍
펴낸이 박경수
펴낸곳 페가수스

등록번호 제2011-000050호
등록일자 2008년 1월 17일
주 소 서울시 노원구 월계로 334, 720호
전 화 070-8774-7933
팩 스 0504-477-3133
이 메 일 editor@pegasusbooks.co.kr

ISBN 978-89-94651-57-6 03300